Senada Cvrk-Pargan

Tama
srebrene svjetlosti

bosanska
medijska
grupa
2015.

Senada Cvrk-Pargan
Tama srebrene svjetlosti

Urednik
Mehmed Pargan

Recenzenti
Avdo Huseinović
dr. Larisa Gasal

Lektor
mr. Amela Isanović

Saradnik
Ibrahim Osmanbašić

Dizajn i tehnička priprema
Mirsad Pargan

Fotografija na naslovnoj strani
BH-studio Production, Haris Begović

Dizajn haljina na fotografiji sa naslovne strane
By Atelier Atifa Šumić

BMG Bosanska medijska grupa

....
CIP
ISBN : 1512373990
COBBIS
....

Senada Cvrk-Pargan

Tama
srebrene svjetlosti

bosanska
medijska
grupa

2015.

Iza bjeline nišana čednost njihova počiva.
Tu su, u srebrenom gradu,
gdje sudbine se pišu u kamenu,
bezgrješni kosti ostavili.
U humke položili svoje nade i ljubavi...

Svjetlo se, evo, gasi od stida,
pred očima majki Srebrenice,
tim beskrajima svjetlosti i čežnje.

Njima, sinovima i kćerima njihovim,
muževima i očevima, u spomen...

Ponizna do vječnosti spram žrtve njihove,
poklanjam ovu knjigu...

BROJ ŽRTAVA
GENOCIDA PREMA
POJEDINIM OPĆINAMA
KOJI NIJE KONAČAN

BRATUNAC
BIJELJINA
FOČA
HAN PIJESAK
ROGATICA
SARAJEVO
SOKOLAC
SREBRENICA
SREBRENIK
UGLJEVIK
VIŠEGRAD
VLASENICA
ZVORNIK

8372...
UKUPAN BROJ ŽRTAVA
KOJI NIJE KONAČAN

Predgovor

Pjesnik u izgnanstvu

Nema generacije u Bosni koja nije, u izgnanstvu, čeznula za svojim zavičajem. Kolektivna memorija Bosne i Bošnjaka ispisana je masovnim grobnicama, ratovima, progonima, glađu... Hiperprodukcija povijesti jednog malog naroda i jedne male zemlje bacala je u zaborav zločine i zločince, relativizirajući čak i događaje stare samo nekoliko godina. Ovdje se zločini dešavaju tako brzo i često da se ne uspijevaju dokumentirati, analizirati, sudski procesuirati, naučno rasvijetliti... Ta relativizacija je čvrsti garant da će se zločini tokom nekoliko generacija u potpunosti zaboraviti, ili će se njihov karakter izmijeniti. Još uvijek ima živih svjedoka zločina nad Bošnjacima iz Drugog svjetskog rata, a ti zločini su potpuno prekrojeni i zločinačko-mitomanska ideologija pretvorila ih je u navodno stradanje upravo onih koji su zločine počinili. Samo dvije decenije nakon genocida u Srebrenici još uvijek Bošnjaci žive u zemlji u kojoj je neophodno dokazivati ko je počinio genocid, a ista ona zločinačka ideologija i danas veliča zločince i njihovo (zlo)djelo. U srpskom narodu, čija je vojska počinila genocid, živi uvjerenje da su ti vojnici vršili oslobodilački pohod. Mitomanska svijest ne želi ući u suštinu, shvatiti da su vojnici ubili 8.372 civila — koji su bili bez naoružanja. Takva svijest od vojnika zločinaca pravi heroje, a takvi heroji rađaju nove generacije i uče ih svojoj recepciji herojstva — na ubijanju bošnjačkih civila. Nažalost, zabavljenost sobom, bila je ključni razlog da civilizirani svijet Bosnu stavi izvan svojih prioriteta i da dopusti zločincima da ostanu na slobodi. Ovaj strašni presedan velika je mrlja na licu ljudske civilizacije.

Progovarajući o svome životu, životu civila Bošnjaka zarobljenih u „zaštićenoj" enklavi, području koje su Ujedinjeni narodi proglasili demilitariziranom zonom, u kojoj su razoružali Bošnjake i zatvorili ih u kavez poznat po imenu Srebrenica, a izvan njega ostavili zvijeri sa krvavim namjerama i krvoločnim zubima, naoružane i željne ubijanja, autorica Senada Cvrk-Pargan, progovara jezikom i emocijom čitave generacije, osuđujući genocid. Ona ne govori samo u ime Bošnjaka, već u ime svih ljudi na svijetu koji se protive zločinu. Ukazujući na nečasnu ulogu zvaničnih predstavnika međunarodne zajednice, koji su bacili sjenu na cijelu ljudsku vrstu, koja je dopustila da se vojska iživljava na civilima za čiju sigurnost je svijet dao garancije u vidu Rezolucije Ujedinjenih naroda. Autorica se čudi narastanju zločinačkog duha u tijelu prvoga komšije, sa kojim se odrastalo, išlo u školu, igralo... Da bi prikazala zlo koje od iskona prijeti ovome svijetu, Senada Cvrk-Pargan odabrala je za svoj mikrosvijet, kroz koji veoma uspješno prikazuje stradanje čitave zajednice nevinih civila, upravo naselje Žutica kod Srebrenice – svoj rodni prag. Pjesnik ne mora otići u fikciju da bi njegov mimetički obrazac izrodio sjajan poetski diskurs. Autorica piše o onome što je vidjela, što je etnografski precizno bilježila u razgovoru sa preživjelima, prateći njihovu emociju i u stihovima je donoseći na papir, poput svježnja cvjetova ljiljana, koje nosi na mezarje u Potočarima, poput dove upućene Svemogućem, dajući na taj način poeziji dimenziju iskrenog svjedočenja. Zaokružujući ustreptalu emociju prognanih iz vlastitog doma, i iskustvo svjedoka i žrtve u zbirku poezije *Tama srebrene svjetlosti*, Senada Cvrk-Pargan hrabro potpisuje drugu knjigu poezije. Put od jedne do druge knjige praćen je značajnim napretkom u pristupu književnom tekstu. Nova knjiga donosi, kao pratnju većem broju pjesama i jedno lirski prožeto svjedočanstvo o susretu sa susjedima, sa prijateljima, rođacima... Susret sa smrtima i gubicima dragih ljudi. Ta svjedočanstva nam govore u imenima i brojevima koliku je žrtvu podnijela Žutica, Srebrenica i Bosna. U tim svjedočanstvima Autorica ne insistira na preciznom književnom pristupu. Šta više, svjedočanstva prepušta jeziku i stilu naracije žrtve, odlazeći povremeno u tople, emotivne izljeve ljubavi, tuge, boli... Naravno zadržavajući i specifičan jezik i stil, koji na granici boli govori o proživljenom i oživljenom.

Senada Cvrk-Pargan ispisuje poeziju koja je na tragu tipične poezije bh. dijaspore. Djela tih autora odlikuju određene osobenosti: čežnja za zavičajem i domovinom; hiperemotivnost i neskriveni patriotizam; nekritički pristup i idealiziranje prošlosti... Ta poezija se ponekad zna, jezikom i stilom, povinovati snazi emocije, predati se - postati njen zarobljenik, tako da u tumačenjima i klasifikaciji ova poezija najčešće ostaje na marginama bh. književne kritike. Međutim, ne smije se omalovažiti, podcijeniti i prikazivati nevažnim bunt ljubavi koji ona donosi, prije svega prema zavičaju i domovini, te snažan poetski naboj koji se u domovini rijetko sreće.

Prva knjiga poezije *Čežnja za tišinom*, objavljena 2011. godine u Tuzli, doživjela je u SAD-u veoma uspješno drugo izdanje na bosanskom i izdanje na engleskom jeziku, te promocije duž cijelog sjevernoameričkog kontinenta. Pjesnikinja Senada Cvrk-Pargan ušla je tom knjigom u čarobni svijet poezije i predstavila se bosanskohercegovačkoj zajednici koja živi na ovome kontinentu, ali i američkim čitaocima. Nova knjiga *Tama srebrene svjetlosti* pojavljuje se u povodu dvije decenije od progonstva, od etničkog čišćenja Srebrenice i genocida u kojem je ubijeno 8.372 civila. Ona je dug pjesnikinje onima koji nisu živi. Ona je svojevrstan spomenik zidan rukama pjesnika. Ona je šehidski nišan, svjedočanstvo o zločinu, najiskrenija dova Svevišnjem, da preživjelima podari sabura i da im olakša, a da ubijenim podari dženetske bašče i oprost grijeha. Knjiga je zavjet i zalog da zločin nikada neće biti zaboravljen. Istovremeno će biti štampana dva izdanja – na bosanskom i engleskom, kako bi se svjedočanstva o genocidu u Srebrenici pronijela širom svijeta.

Mehmed Pargan

Progon

Vatre gutaju naša ognjišta.
Plamen obasjava naša leđa
postajući sve dalje.

Oborenim čelom otimamo
daljine i činimo ih svojima.

Nejasnoćom razumijevamo ludilo.
Osvrćemo se i gledamo
taj pepeo naših domova,
kako leti po zraku, a potom
i sam guta vatre
već sagorjele.

Krvavi plamenovi mržnje.

Ječe topovi sa Bešićkog brda
i u dubini, zbijaju gladne
kao u tor...
U Srebrenicu!

Krvare dlanovi pod težinom prtljaga.
Sve je stalo u jednu vreću.
I obećanje svanuća boljeg sutra,
i pogled na kolonu koja kao šarka
gmiže kamenjarom.

Ne prepoznajem ta lica u gomili.

Bog vrelim bičevima ljeta
šamara naše suhe obraze.

Znoj teče niz naša tijela,
niz rubove
hodajućih, već isklesanih nišana.

On opominje na suzdržanost
i upućuje na strpljenje...

Potočari

Nizali su se mjeseci, pogibije, odlasci mojih najdražih u nepovrat, a ja sam gubila vjeru. Kada je čovjek mlad onda mu se čini da ga brzo napušta Božija milost. Bilo je sve teže i teže nositi se sa zlom koje nas je pritiskalo sa svih strana. U Srebrenici je bilo oko 40.000 ljudi, što mještana, što izbjeglica iz susjednih gradova i sela. Bili su to ljudi koji su se grčevito borili da prežive. Glad i nemoć, bolesti i zaraze, napadali su nas nemilosrdno. Nismo imali lijekova ni mogućnosti da ih nabavimo. Bolnica se punila ranjenicima, a doktori su bez adekvatnih uslova za rad pokušavali spasiti živote nedužnog stanovništa. Čak su jednom vojniku morali odsjeći nogu testerom za drvo, a prije toga su ga napili domaćom rakijom, koja je poslužila umjesto anestezije. Pred vojnicima Holandskog bataljona od gladi je, ocu na rukama, umrlo trogodišnje dijete. Oni navodno nisu mogli da pomognu.

Neprijatelj je napadao svim sredstvima. Čak ni humanitarnoj pomoći nisu dozvoljavali, da u skladu sa međunarodnim konvencijama, dospije do nas. Izgladnjavali su nas. Nismo imali soli mjesecima. Postajali smo aveti, izrasle iz vlastitih tijela. Postajali smo logor smrti. Moja majka je bila sve slabija. Zbog nedostatka lijekova artritis je zauzimao sve kosti njenog tijela i pretvarao je u invalida. Teško je hodala. Brinula sam o njoj kao o vlastitom djetetu.

U tom svom bolu i patnji, u gladi i muci, dočekali smo i taj kobni juli 1995. godine. Vijest da je Srebrenica pala i da se trebamo povući iz svojih kuća, proširila se cijelom teritorijom, brzo kao što munja prostruji večernjim nebom. Svi sposobni muškarci uputili su se preko šuma u pravcu Tuzle, a žene i djeca u pravcu Potočara. Rečeno nam je da za naše muškarce Srbi otvaraju koridor, kojim će

14

bezbjedno preći na teritoriju pod kontrolom Armije Bosne i Hercegovine, a da će za žene i djecu obezbijediti prevoz autobusima, i da nikome ništa neće učiniti. Naravno, lagali su.

Moji brat i otac, zagrlili su nas ispred kućnog praga posljednji put i krenuli su. Ponijeli su sa sobom samo nešto osnovnih stvari, koje su stale u mali ruksak, da se lakše mogu kretati. Brat me je pogledao i rekao: "Seko, ne znam hoćemo li se ikada više vidjeti, ali ne zaboravi, istorija se ponavlja". Znala sam šta je htio reći. Otac mi je pružio svoj pištolj i rekao: "Imaju dva metka u pištolju. Znaš kako ga koristiti. Upotrijebi jedan metak za svoju majku, a jedan za sebe. Ne dozvoli da vas siluju. Za mnom na onaj svijet ne idi ako se to dogodi."

I rastali smo se. Taj rastanak nikada neću zaboraviti. Duša je navirala iz grudi, a srce se stezalo od bola, dok su suze lile niz lice kao potoci. Oni su otišli u šumu, a ja i majka prema Potočarima. Onako iznemogla, majka je poslije nekoliko sati odustala od borbe i pješačenja i sjela pored jednog mezarja. Govorila mi je da nastavim sama prema Potočarima i da je ondje ostavim. Preklinjala sam je da to ne traži od mene. Plakala na njenom krilu, a ona me gurala od sebe i govorila da me mrzi, kako bi me tim riječima prisilila da odem, da je ostavim. Znala sam da je željela da spasim sebe. Nisam mogla da se odlijepim od nje. Plakala sam i preklinjala je da nastavi hodati, ali ona je bila isuviše iscrpljena i nije imala više snage da se bori. Moji jecaji i borba s njom naveli su je na jedan čin, koji samo majka može učiniti. "Sjedi", - rekla je. Onda me zagrlila i pomilovala po kosi. Dubokim pogledom, svojih divnih očiju, doprla je u moju dušu. "Ja sam previše iscrpljena, nemam snage da hodam dalje. Moj život je svakako pri kraju, a tvoj život je na početku. Ne mogu te zaštiti ukoliko te uhvate, a znaš da će te silovati. Ja to ne mogu podnijeti! Ostavi me i idi za narodom. Preživi, i živi, i rodi mi zdrave unuke".

Nijemo sam je gledala, odbijajući glavom njenu želju. Onda je ona raskopčala svoju bluzu, izvadila obje dojke i rekla: "Ustani i kreni ovim putem prema Poto-čarima. Ne osvrći se kad kreneš. Ne okreći glavu. Nastavi hodati, a ja ću ti ha-ramiti svaku kap mlijeka kojim sam te iz ove dojke zadojila, ako se ne spasiš".

Poruka je bila jasna i konačna. Ostala sam sama na koridoru smrti, da se borim za vlastiti život i ispunim majčine želje. Da preživim i rodim joj unuke. Sjećam se da smo iz naše kuće krenuli u popodnevnim satima i da je sunce još visilo na horizontu kada smo se rastale. Onda je odjednom pala noć. Mene su noge nosile kao lude, iako nisam znala kuda hodam. Nailazila sam na iznemogle starce i starice, ostavljene same i prepuštene sudbini. Po putu su bacane torbe i prtljage - valjda se svijet umarao i bacao sa sebe teret. Na jednom dijelu puta nikoga nisam vidjela, niti išta nalazila na putu, pa mi je bilo čudno, ali sam i dalje koračala bez osvrtanja prema obećanju koje sam se dala majci. Sati su prolazili, ali ja nikako nisam stizala na Potočare.

Noć je jecala s mojim jecajima i plakala sa mnom. Jedino me mjesec vijer-no pratio i osvjetljavao nejasne staze. Onda je zarudila zora. Prepoznala sam šušnjarske livade i ponovo primijetila iznemogle starce i starice ne rubovima staza. Nakon izvjesnog vremena začula sam ljudsku graju u blizini. Stigla sam na Potočare.

Oko 30.000 žena, djece, iznemoglih staraca i zalutalih muškaraca, svi na jednom mjestu. Prolazila sam između tih ljudi i nikoga nisam prepoznavala. Osjećala sam slabost u nogama i sve veću zbunjenost. Nisam više bila svjesna događaja. Ipak sam negdje žurila, kao da me neko čeka negdje. Tada me za ruku uhvatio muškarac, koga u tom času nisam mogla prepoznati. Trgla sam se. "Polahko, smiri se, ja sam Vahid, Vahid Hodžić, tvoj drug", – rekao je. Pogledala sam ga otriježnjena tim riječima i prepoznala ga. Zaplakala sam. Smireno me je uzeo za ruku i tješeći govorio da se ne sekiram i da će moja majka ipak doći. Željela sam, ali nisam mogla da mu vjerujem, jer je moj strah ubio sva moguća osjećanja, pa više ništa nisam osjećala. Povukao me je između te rulje prolaznika i sjeli smo u prikrajku jednog puteljka. Pružio mi je smotanu cigaretu od papira: "Zapali, makar ovu, želju da ispunimo".

Rekao mi je da pokrijem glavu nečim, da me neko od tih četnika ne bi prepoznao. Nije govorio razlog, ali ja sam znala šta to znači - Vahid se plašio da me neko od njih neće silovati. Izvukla sam iz torbe majičinu mahramu i pokrila glavu. Bio je to štit od mogućeg zločina, a Vahid me pogleda očima punim suza: "Tako je već bolje".

Izvlačili smo te smrdljive dimove iz smotuljaka i buljili čas jedno u drugo, čas u jadne prolaznike. Vahid nije znao šta će biti njegova sudbina, niti sudbina njegovih kolega koji su radili za UNPROFOR kao prevodioci, a koje je pad Srebrenice zadesio na dužnostima. Rekao mi je da se boji. I ja sam se bojala za njega. Osjetila sam vječnu zahvalnost što mi je toga dana pružio ruku prijateljstva kada mi je najviše bila potrebna.

I danas kada razgovaramo o ovome (hvala Bogu Vahid je živ i zdrav izašao iz Srebrenice), mene nose ista osjećanja vječne zahvalnosti, respekta i vječnog prijateljstva. Ja sam tada nastavila prema zgradi Fabrike akumulatora, gdje je bila većina žena i djece, a Vahid se vratio svojoj bazi i u jednoj od fabričkih zgrada ostao narednih deset dana. Sa UNPROFOR-om je izašao na slobodnu teritoriju tek 23. jula, preko Hrvatske, a ponovno u kontakt s njim sam stupila deset godina kasnije.

Dok sam hodala kroz masu ljudi, nisam bila ni svjesna da u svojoj torbi na leđima još uvijek nosim pištolj koji mi je babo dao na rastanku. Nesvjesno sam ga donijela četnicima pred oči. Neka žena je stisnuta uz djecu sjedila do mene. Pomislila sam da joj se mogu povjeriti i pitati šta da radim s pištoljem. Ona me samo odgurnula od sebe i rekla da se nosim što dalje i od nje, i od njene djece, jer ne želi biti ubijena zbog moje naivnosti. Zbunjeno sam prebirala po očima drugih žena koje su odjednom shvatile o čemu se radi i, kao da sam imala neku prijelaznu bolest, sve su se počele odmicati od mene. Ostala sam sama u uglu te ogromne hale, koja je odzvanjala smrću. Znala sam da sam bila prepuštena sama sebi i svojoj mudrosti. Sačekala sam noć, a onda prišla jednom ogromnom otvoru, na zidu te fabrike, i neprimjetno u njega spustila babin pištolj. Oslobodila sam se jednog razloga za moguću smrt.

Ta prva noć 12. jula u Potočarima, bila je na momente mukla, a onda bi samo poneki gromki jecaj bola odjeknuo kroz noć. A onda pucanj. Pretpostavljali smo da su nastupila mučenja i ubijanja naših muškaraca, koji su se nekako našli sa nama, tu u Potočarima. Nisam smjela spavati. Budna sam dočekala

18

jutro koje je donijelo nova četnička lica. Šetali su između nas, kao da nam nikada nikakvo zlo nisu nanijeli. Na sebi sam imala i pantalone, i dimije, i mamin široki džemper, te maramu na glavi, koju mi je Vahid rekao da stavim. Od te silne odjeće, julske topline, od gladi i žeđi, osjećala sam slabost i iscrpljenost. Zavlačila sam se u kutke gdje me nisu mogli primijetiti, te sam odatle sve mogla vidjeti i zaštiti se od mogućeg kolapsa.

Toga jutra u fabričku halu je stiglo još nekoliko naših muškaraca. Među njima sam prepoznala mog školskog druga, kome se imena nisam mogla sjetiti. Bio je izbezumljen od straha i jedva je stajao na nogama, a četnici mu nisu dozvoljavali da sjedne. Njegova kovrdžava kosa i bucmasti obrazi bili su prekriveni prašinom suhog julskog tla, dok su mi niz lice tekle krupne kapi znoja. Iz očiju su mu navirale bolne suze. Molila sam Boga da se četnici odmaknu i da mu priđem, da mu se javim, ali nisam bila te sreće. Četnik je jezivim pogledom prelazio preko naših lica, vjerovatno tražeći nekoga poznatog, a onda mu se pogled zaustavio na meni. Uplašila sam se da će mi moj školski drug u tom trenutku izgovoriti ime, te sam mu išaretom dala do znanja da to ne učini. Shvatio je.

Oborio je glavu po naredbi jednog od njih i sa rukama na leđima je sa ostalim muškarcima, kao zarobljenik izašao iz hale. Dok je prolazio pored mene pružila sam mu ruku i on me je dotakao vrhom svojih prstiju. To je bio naš oproštaj.

U toj zgradi provela sam jos dvije noći, a onda se dogodilo čudo. Nakon tri dana mukotrpnog pješačenja i volje za životom, moja majka je dopuzala u Potočare. Iako uhvaćena u tom košmaru ludila, osjetila sam neizmjernu sreću - makar mi je majka preživjela. Bila je iscrpljena, žedna i gladna, sva u modricama i krvi od puzanja po kamenjarima. Smjestila sam je u ugao hale, gdje sam i ja sjedila. Izašla sam iza zgrade da joj potražim vode. Dok sam puteljkom prolazila pored zida vidjela sam plavu ceradu koja je bila prebačena preko neke velike gomile nečega. Bila sam znatiželjna, te sam podigla ceradu i ukočila se od toga prizora. Pobijeni, jedan preko drugog ležali su naši muškarci Muslimani. Ispod njih je i dalje tekla bujica krvi, a glava koja je bila okrenuta pravo ka meni bila je glava mog školskog druga, koga sam dva dana ranije vidjela živog, dok su ga četnici odvodili iz hale. Njegove oči su širom bile otvorene, ali sjaja u njima više nije bilo.

Stajala sam nepomično, kao da sam čekala da mi progovori. Stajala i upijala taj prizor da ga nikad ne zaboravim. Nesvjesno sam se okrenula i pokušala vratiti nazad, a onda sam ugledala djevojku koja sva raščupana i krvava trči iz žitnog polja plačući. Histerično je čupala sebi kosu i zvala upomoć. Iza nje su se pojavili trojica četnika, zakopčavajući pantalone, sa zlikovačkim osmjesima na licu. Shvatila sam, djevojka je silovana. Uletjela sam u halu te zgrabila majku za ruku i rekla joj da moramo odmah ići. Da se ne smijemo više zadržavati tu i da se moramo ukrcati na sljedeći autobus koji deportuje civile prema Kladnju. Mama je jedva koračala. Svom težinom se naslanjala na mene, a ja sam je vukla kroz masu i nekako smo uspjele ući u jedan od autobusa.

Nekoliko puta smo tokom vožnje zaustavljani. Četnici su ulazili, psovali nas i pljuvali po nama, tražili novac i nakit. U putu od Potočara do Luka, mjesta prije Kladnja gdje nam je bila destinacija, povremeno sam provirivala kroz prozor i vidjela kako četnici vode naše zarobljene muškarce, sa zavezanim rukama iza glava. Bilo ih je na stotine. Vidjela sam ljude pored puta kako leže presječenih vratova, sa izrešetanim tijelima, u svježoj krvi, pobacanim ruksacima i torbama. Na jednoj poljani u Novoj Kasabi vidjela sam kako naši sjede jedan do drugog pognutih glava dok ih četnici kundacima udaraju po glavi.

Ove slike me prate i danas. Dvadeset godina poslije, žive su i kao da su se u moje oči nastanile jučer. Moji brat i babo su preživjeli put spasa. Brat je došao šestog, a babo dvadeset i prvoga dan nakon pada Srebrenice. Pričali su mi da su u putu jeli lišće drveća, gljive i insekte, da bi utolili glad. Da su na momente gubili razum gledajući krvološtvo koje su četnici činili nad našim nevinim ljudima. Iscrpljeni, jedva su preživjeli tu borbu, a bol nepodnošljivu bol su stvarale rane od pješačenja. Rijetko govore o tome, ali i kada govore, bol koju nose u sebi tada nadvlada smirenost i razum pa se suzdržavaju, jer danima poslije toga nisu dobro. Na ovom, kako su ga nazvali "Putu spasa", izgubila sam 99 članova familije. Od pet sinova moga djeda i nene rahmetli, preživio je samo moj babo. Četvorica mojih amidža su ubijeni i danas ih samo oživljavam u svojim sjećanjima i molitvama.

Ne želim da se zaboravu preda ono što nam je nedužnima učinjeno. Da se zaboravu predaju žrtve naših poginulih, čijom zaslugom danas imamo slobodu. Genocid u Srebrenici odnio je više od 10.000 nevinih života. Čitave familije i čitava sela su istrijebljeni. Uništeni su njihovi korijeni. Danas u Srebrenici nema radosti. Tugom je prekrivena svaka kuća. Ova priča ima svoju krunu, pjesmu koju sam posvetila svima koji su svoje utočište potražili u Potočarima. Neki su preživjeli, a neki nažalost ne.

Potočari

Slijevale su se rijeke NAS
sa svih strana.
Uplakane žene i djeca,
iscrpljeni starci,
grupe zalutalih, izbezumljenih mladića.
Julska vrućina i oblaci neprijateljskog olova,
svijali su gnijezdo
iznad glava nevinog naroda.

Žurili smo,
gušeći se prašinom suhoga tla,
kao da nuru htjeli smo u zagrljaj,
ne bi li izbjegli oštri mač
krvnika,
zlikovca,
koji mržnjom zamisli
da muške glave ne smije više bit',
tu baš na našim tlima.

Plačne majke dječicu su u naručju nosile,
za malene duše nadu mislile,
Potočare spasom gledale,
ali mrak umjesto nura dočekale
i od straha vlastito evlade davile,
a da to nisu ni znale.

Iz noćne tmine krikovi su odzvanjali!

Čekali smo,
ukočeni strahom,
jer red se nije znao,
niti koga će sljedećeg,
krvnici odvesti u smrt.

Leševi su ležali na kamari!

Očima svojim vidjela sam pomor!
Jedan preko drugog bacani su kao klade,
onda prekriveni krvavom plavom
ceradom. Potok krvi ispod njih je izvirao
i s potokom bistre vode se spajao
u svom nemilom koritu.
Ležali su jedan preko drugog,
kao da su živi,
kao da su zaspali na tren,
još im je blistala rumen na licu,
na julskom suncu.
Tad nisam osjećala ništa,
niti strah, niti bijes
suza se zaledila u oku
od jada koji je stezao dušu.
Zavratila sam krvavu ceradu,
još jednom istinu da mi vide oči
i prepoznah meni dragi lik...
Moj školski drug...

Gledao me je ugašenog pogleda.
Valjda nisam imala snage
za kuknjavu i plač.
Al' tu sliku zapečatih u duši
da me prati vječno,
u snu i na javi.

I nikad neću znati
zašto,
ni kako,
ljudska ruka drugoj ruci
život uzima!!!

Ali pamtim...

I džuturume pokraj Šušnjarskoga puta
gdje je starost korak sasjekla,
i smrt prije vakta pritekla...

I one male ručice nježne
iz majčinog zagrljaja što su otete silom,
na druge puteve odvedene i nikad vraćene.

I dječije krikove i mukove,
i majčine tužne jadikovke!

Pamtim...
Tugu u stihove prenosim:
da se zlo ne zaboravi,
da se ne ponovi,
NIKAD I NIKOME!!!

Izgubljenom bratu

Požurih u pravcu
odakle kao da tvoj glas
zovnu me...
Koraci mi teški,
al' koračam...
Opet zebnjom tijelo mi struji
po ko zna koji put,
ovaj osjećaj me slama...
Tražim da nađem te
iako znam,
duboku prazninu samo sjeta da puni,
želja u čežnju usahnjava.
Pružam ruke u smjeru nadom izvezenim,
da ipak možda jeste živ
tvoj glas koji trebam.
Da me makar malo mine
ova bol,
i ova tuga...
Da tako nastavim opet sa nadom,
da stvarnost u toj želji stoji,
da si mi živ,
da vrijeme,
da rat,
odnijeli ti život nisu...
Da si negdje i da ćeš mi doći,
da me imenom pozoveš
kao danas,
kao sad,
u ovoj iluziji...

Ali kad opet pohitim
i kad ruke pružim,
želim da dodirnem
tvoje lice,
i pogled očiju da ti vidim,
i kikot osmijeha tvog da čujem,
a ne da hrlim,
ne da posrćem,
i samo sa željom u susret da dođem!
I da opet praznu kaldrmu zateknem,
niz koju ispratih te brate
onog davnog jula '95.!
I kojoj svaki pedalj proklinjem
što ne vraća te,
dok godinama čekam te!
A obećala je…
I ti si obećao
da vratićeš se!
I još te nema!
A ja ne prestajem da
nadam ti se,
moj izgubljeni brate…

Čekanje

Svakom čovjeku zavičaj ostane ishodište, mogući bijeg u jednu čistotu svoga življenja. Na početak puta, gdje smo još čisti. Voda jedino na izvoru može biti besprijekorno čista.

Kada govorimo o zavičaju, govorimo o sebi kada smo bili čedni, od Boga dati... Kada se vraćamo tamo, osjetimo sigurnost i mir. I mene, već godinama, za moju Žuticu vežu upravo takvi osjećaji.

A svako mjesto čine ljudi i njihove posebnosti. Sjećam se starice Fazile, koja je obilježila naše djetinjstvo, koja nas je fascinirala svojom vještinom pletenja. U zimu 2010. godine, kada sam boravila u Bosni i došla u Žuticu, u posjetu svom ocu, bratu i sestri, posjetila sam i nju. Ušla sam tiho u polumračnu prostoriju. Bila je sama u pustoj kući, opet sa pletivom u ruci. Obradovala se mom dolasku. Niz lice kliznule su suze. Plakale smo zajedno. Na okrnjenom šporetu na drva, pristavila nam je kahvu i ponudila mi cigaretu. Uskoro je prostoriju ispunio duhanski dim, a na mali drveni hastal poredala je fildžane i zasula kahvu. Zasjele smo da se ispričamo kao nekada.

Dok je drhtavim rukama plela čarapu, počela mi je pričati o udatim kćerkama. Hvala Bogu, sada imaju svoje porodice, iako su dvije od njih ostale udovice. Mlađa, Irfada Gabeljić, rođena je 1974. bila je udata za Sulju Huseinovića, rođenog 1970. Kada je 1995. Suljo ranjen, nekoliko dana prije pada Srebrenice, zatražio je pomoć sa ženama i djecom od vojnika UNPROFOR-a u Potočarima. S obzirom je bio ranjen UN-ovi vojnici su ga morali štititi, međutim on je ubijen pred njihovim očima. Najstarija kćerka, Mejra Gabeljić, rođena je 1969. godine bila je udata za Aliju Nukića, rođenog 1968. godine. On je u svojoj dvadeset i četvrtoj godini, poginuo 1992. u Cerskoj, tri sedmice po rođenju njihove kćer-ke. Djevojčica je rođena u subotu, a tri sedmice poslije, opet u subotu, Alija je poginuo. Bila je prvo dijete, a roditelji su se rijetko viđali, jer je rat tih dana bio žestok, tako da sve do smrti oca i nije dobila ime. Sudbina je čekala svoj tren - nakon Alijine pogibije, djevojčica je naslijedila očevo ime. Fazilin suprug Rasim rođen 1940. godine, posljednji put viđen je u Potočarima.

Iako je njena priča započela smrtima muža i zetova, suze su nahrlile kada je tok razgovora nužno morao doći do mjesta, na kojem srce najviše boli - njen sin jedinac Mirsad, rođen 1966. godine, zaputio se sa ostalim nenaoružanim muškarcima preko šume na slobodnu teritoriju BiH. Put spasa nije prešao.

Pogledala je u šumu iznad kuće i rekla: "Ovim putem je otišao. Valjda će, jed-nom, iz nje izbiti živ. Zato sam tu, u ovoj kući, sama. Da mi je da me ova šuma uguši. Gledam je i sve mislim, da ću ako gledam u nju prije i crći. I, eto, pletem, moja Beno. (Tako me ona zove još od djetinjstva.) Pletem da mu noge ne oze-bu i čuvam mu čarape, pa kad dođe, da ima šta obuti."

Srce se kida od bola. Suze se otkidaju sa kapaka, liju i ne uspijevamo ih zausta-viti. Ustala je i iz druge sobe donijela par ispletenih vunenih čarapa: "Evo kćeri, ponesi tamo, u tu daleku zemlju, nek' imaš. Mujo mi je rek'o da su zime tamo studene. Nemoj da ozebeš."

Uzela sam čarape. Ali nisam imala hrabrosti da je pogledam u lice. Izbjegla sam dodatni susret sa očima, kojima su godine plača iscrpile svaki sjaj.

Čekanje

Šapuću u noći krupne pahulje,
molitvama dodirujući prozor.

Okrnjena lampa žmirka,
predajući se rojevima koje donosi vjetar.

U svojoj tišini
s tespihom u ruci i dovom u srcu
jedna žena i večeras moli...

Svjetlost lampe titra u suznim očima.
Sijeda kosa uramila je sliku
na njenom licu, slikanu borama.

Nad praznim krevetom,
noćima bdije u bolu.

Godine nadu još ubile nisu.
Njeno čekanje je protkano sjetom.
Navikom se zove.

Živa uspomena bukti u majčinim njedrima.
Na njih ga je privijala nemoćnog.
Mlijekom ga hranila.
U srcu joj bešika bila.
Pjesmom ga uspavljivala.

Sada je ostala buktinja čežnje.
Ona nikad sagorjeti neće...

Dvadesete po redu, vunom ispletene
vitlom ispredene, mekane čarape
na krevet mu stavlja
i ovoj zimi u prkos hodi.

Od hladnog vjetra sina svog da sačuva.

Osmijeh joj lice više ne krasi.
Oči su davno izgubile sjaj.
Suze su iskapale te duge godine.
A čekanje i čarape joj jedini rod.

Samo još nada njenim damarima titra
beskonačno i tiho, kao pahulje
o staklo.

Praznim krevetom sad tuga šapuće,
neispričanu priču mladosti jedne,
o prekinutom životu, ugašenim snovima,
nepoznatom kraju
i beskonačnom čekanju jedne majke.

Čežnja kroz san

Često me tako obuzme neki neobjašnjivi osjećaj – i zebnja, i slutnja, i žal, a pritom radost što mi je život donio ljude i događaje, koji me prate na svakoj mojoj stopi životnoga puta. Na svojim krilima me često ponese ta čežnja za danima djetinjstva. Jedno živo sjećanje, zakačeno na plašt moje sudbine, poput srebrenog broša na grudima majke koja obilazi mezarje u Potočarima. Ona je sve izgubila, a sve joj je tu, među tim kamenovima mermernim.

Mi uvijek nespremni odlutamo neznanim daljinama, ali srećom, prati nas ta toplina istinske ljubavi, one duboke, prvopostojeće, vječne... Toplina doma. Toplina prijateljstva. I uvijek se vraćam tu, na svoj početak. Svojim korijenima. Svome domu. Vraćam se osobama za koje me veže ta ljubav.

Beguna Ahmetović, bila je najbolja prijateljica moje rahmetli majke. Pamtim je... Niskog rasta, sijede kose, krupnih grahorastih očiju, pogurenog hoda, tiha, stidljiva... A pritom borbena i karakterna. Živjela je u trošnoj kućici sa sinom jedinkom, Hajrom Ahmetovićem, rođenim ljeta 1963. Starija kćerka je bila udata, tako da su njih dvoje bili sami. Begunin muž je preminuo vrlo mlad, kada je Hajri bilo samo 6 godina. Dječak je, kažu, bio čudo od djeteta - odlikaš u školi, te je Beguna odlučila da ga školuje, od svoje male penzije koju je dobila poslije smrti svoga supruga. Imala je jednu kravu, te je prodavala mlijeko u nekoliko kuća u našem selu i na taj način pomagala svog sina na studijama. I mi smo od nje kupovali mlijeko. Mi djeca i naša majka, neizmjerno smo je voljeli i poštovali, tako da smo Beguni dali nadimak Hrana. U našoj kulturi, žena kad se uda, dobije nadimak po mjestu iz kojega dolazi, u ovom slučaju Beguna je bila rodom iz Hranče, pa ju je svako zvao Hranačka, a meni je bilo milije i lakše da je zovem samo Hrana!

Sjećam se kako je pričala mojoj majci o svom teškom zivotu, kako jedva sastavlja kraj s krajem, ali da ipak želi da njen sin Hajro završi studije. Hajro je studirao Rudarstvo u Tuzli i svi smo jedva čekali da diplomira, kako bi dobio posao u Rudnicima boksita Vlasenica. Željeli smo da se njihov teški život pretvori u bolji i lakši. I onda, kada je već pripremao diplomski, rat je došao i do nas. Hajro je umjesto pripreme posljednjeg ispita na fakultetu, uz nas u Srebrenici, započeo borbu za opstanak. Sa Hranom i Hajrom tokom rata još više smo se zbližili. Teška su to bila vremena. Te četiri godine koje smo proveli u neprijateljskom obruču, nikome od nas nisu bile lahke.

Srela sam je poslije rata. Bile su već prošle dvije godine nakon našega izlaska iz Srebrenice. To više nije bila ona ista osoba. Bila je tiha i tužna. Toliko potištena da moje oči nisu mogle da gledaju taj bol, jer se u meni rađao stid. Ni danas ne znam zašto toliki stid, ali on je tada rastao, postajao veći od Udrč-planine. Slušala sam i kod drugih ljudi da su nekada imali taj osjećaj stida – što su preživjeli!?

Hrana je bila usamljena i utučena. Njen Hajro nije prešao iz Srebrenice. Sad je još manje govorila. I ono što mi je rekla tog dana, bio je samo san koji često sanja i koji je čini sretnom, makar na tren. Šapnula mi je, tiho, kao da je vjetar drinski donio poruku na moje uho, da nimalo ne žali što je svoj cijeli život provela kao samohrana majka. Ali, onda je zajecala, kazala mi je kako joj je žao što nije doživjela istu sudbinu kao i njen sin. Sada bi bila sa njim!

U njenom životu više nema svjetlosti, nema nade, niti želje za borbom. Njen život je postao nadanje samo jednome snu.

Čežnja kroz san

Gledam je...
Pogurena, kraj ognjišta sjedi.
Danima, u susret hodi samo vremenu.

Ispijene oči u dupljama šute,
polumrtve od iščekivanja.
Zjape u šumu iznad kuće

Granama šipražja zarobljen je put
kojim je On otišao.
Sin jedini...

Vatra se polako gasi,
i posljednji plamen žara
svjetluca u bespomoćnosti izumiranja.

Ne primjećuje...

Misli su joj negdje daleko,
i u prošlom, i u budućem svijetu.

Kad bi...
Da li će...
Sve njeno blago, borba i radost,
nestalo je u toj šumi,
što je guši dok se zeleni.
Mami jezivi grč u grudima.

Tugom joj je ubijen glas...

Rijetko zbori…
Ne pitam je ništa,
šutnja sve govori.

Borama joj išibano lice.
Starost je urezala svoj trag.
Želja za životom nestala je s njim
i besmislom pokreće se dah.

Samo ponekad primijeti se žar,
Tek mala iskra u kutku njena oka,
kad noć pokuca na svačija vrata.

Tada osjeti smiraj.
Rekla mi je,
jedino joj noći donesu malo radosti,
kada tama pokrije šumu prokletu
i sakrije je njenom pogledu.

A onda u san, dođe joj On
sin jedinac.

Došao je da vidi majku,
Da izun dobije.
U svatove je pošao
da majci snahu dovede.

Bijelac pod njim, silan
i nagizdan.
Propinje se, izdiže...

I uvijek kratko potraje taj san.

Daleku zemlju svoju sanjam

Mehmed Ahmetović, jedini mlinar u našem kraju, bio je nadaleko poznat po svome zanatu. U davnim vremenima važilo je pravilo da onaj ko ima vodenicu, ima lijepu nafaku i nikada neće ostati gladan. Kao djevojčica, voljela sam zaviriti u to prašnjavo carstvo, u kojem su klepetali drveni točkovi, a kamen tromo drobio zrnevlje i iza sebe ostavljao brašno. Volio je mlinar Mehmed, da mu u njegovu izbu na vodi, dođu djeca. Imao je tri sina i dvije kćeri, živjeli su skromno, ali sretno. Taman kada su se djeca poženila i poudala, umjesto unučića, na vrata vodenice kucnuo je rat. Čovjek ne može na početku ni zamisliti razmjere nesreće koju rat donese, ali na kraju, kada se sve zbroji, iako se životi i ne mogu zbrajati, čovjek shvati da nema veće pošasti, nesreće, od rata. Mehmedu je odnio sva tri sina: Mehmedalija (Galac) Ahmetović, rođen 1956. godine, strijeljan je 1992. godine, na Žutici; Suljo Ahmetović, rođen 1966. poginuo je na Putu spasa, prelazeći iz Srebrenice; Dalija Ahmetović, rođen 1957. također je poginuo na prijelazu iz Srebrenice.

Kada sam posljednji put vidjela mlinara Mehmeda, rekao mi je da se njegov život postepeno gasi od bola za izgubljenim sinova, ali da u mom bratu kojega od malih nogu voli kao svoga sina, nalazi utjehu. A kada mene vidi, da se obraduje, kao da ponovo oživi, jer mu moj osmijeh, bar na tren, vrati minulu sreću, vrati ga u vrijeme kada sam kao djevojčica dolazila tu, pored potoka. Bila su to vremena mira, sigurnosti i sretne porodice. Danas, danas je sve drugačije... Ovu pjesmu poklanjam njemu, mlinaru Mehmedu, mom Memi i svim očevima kojima je rat oduzeo smisao življenja, njegove sinove.

Daleku zemlju svoju sanjam

Zavičaj...
Puna duša,
čisti zrak.

Merajskog rahatluka zov,
spokojstva smjeli izazov.

Sa obronka čobanin
stado priziva,
koscima vrijednim sellam naziva.
Iz bardaka studen-vodom
žeđcu im blaži.

Miriše lipin cvat...
Ptice se pjesmom oglašavaju
iz mirisne krošnje...

Razgranata,
podsjeća na vječnu ljubav...

Ponikla iznenada, raširila grane
i likuje...
Živi vječnost,
a Jadar pod njom žubori.

Njegov se šapat razliježe dolinom.

– Sve ružno niz brzake nek' ide,
govorila je nana,
a Jadar je sve i odnosio.

Zelen i bistar,
trajao je.
Taj dom tajni,
i dječijih, i ljubavnih...

Topla sjeta otvara
sretnih dana seharu.

Mlinar, vreću žita
u kotlo sipa,
i mlinom gospodari.
Sultanski...
Mlinar, Mehmed-paša zvani.
Svi ga tako u mom zavičaju znali.

Zavičaju!
Moj rodni kraju!
Sada daleka zemljo
koju samo sanjati mogu
u bijelome svijetu.

Ja čežnje ratnik
nostalgični zarobljenik...

Otkosi pokošeni.
Snoplje požnjeveno.
Pašnjaci i livade
zelenilom razlivani.

U mom zavičaju
žubor Jadra,
miris lipe,
radost,
rahatluk...

U snove prizivam...

Oteli nam!
Sve nam oteli!
Osmijeh ukrali...
Opustošili meraje.
Radost u crno zavili.
Ljudsku graju
jecajem majčinim zamijenili.

Svjetlost i Sunca, i Mjeseca
smrtnom svilom obvili.
Mehmed-paši sva tri sina
ubili.

Sve što je lijepo u mom zavičaju
nekada bilo,
zlobnici su našim gorkim
suzama zarobili...

Dolaziš niotkuda

Zvali smo je Ajka, a rijetko joj je ko znao pravo ime – Sulejmana. Rođena je 1973. godine u porodici Bećirović, a kada se udala za Džemaila-Džemu, svoju najveću ljubav, uzela je njegovo prezime Jusupović. Onda je došla ta 1992. godina. Suprug je, sa samo dvadeset i šest godina, poginuo u zvorničkoj Kamenici. Ona je ostala sama sa svojim petomjesečnim sinom Fatihom.

Ljubav, to je vjernost! To sam od nje naučila u teškim godinama rata.

Sudbina je htjela da ovaj brak traje kratko, a njihova ljubav vječno. Ajka, kao ponosna majka, posvetila je svoj život sinu i vjeri. Odlučila je da stavi hijab i svojom ljubavlju prema vjeri, ojača i vezu sa svojim rahmetli suprugom. Želja joj je, kaže ona, da kada preseli na Ahiret, opet bude sa svojim Džemom i da nastave svoj život u vječnom miru. Njena priča je i priča mnogih mladih žena, koje su u ratu izgubile svoje bračne drugove. Njihovi životi su poslije gubitka muža poprimili jednu novu dimenziju, a temelj joj je bila borba za preživljavanje. Ovu pjesmu poklanjam Ajki i svim mladim ženama Bosne i Hercegovine, kojima je rat oduzeo njihove ljubavi. One, i pored toga, i danas prkose sudbini. Njeguju to što im zlikovci iz srca nisu mogli oteti – vječnu ljubav.

Dolaziš niotkuda

Dolaziš niotkuda,
da vazduh kradeš iz mojih grudi.

Snagom očiju izbijaš suze
zakopane zakletvom na smiraj.

Budiš zaspalu santu leda.
Dodirom kože otapaš smrt.

U tren zagospodariš mojim svijetom.
Dušom ti se kunem u ropstvo.
I to vječno.

Usnama zaključaš okove razuma
i zvjezdanog neba gasiš sjaj.

Stvarnost postaje siva i tamna

A onda...
Tvoj dah slabi.
Kristalna se kap u oku ledi.

Odlaziš tiho, kao da ne želiš
topot koraka tvojih u daljini da čujem.

Moj nečujni jauk
prolama novu zoru, punu mraka...

Probija se samo tračak,
- to nada se budi,
da ćeš mi opet
niotkuda doći...

Iluzija

Tvoj glas čujem,
dopire iz dalekih
predjela moga sjećanja.

Tamo gdje su magle pokrile
vrhove ljutnje,
litice straha
i kanjone boli.

Još osjećam tvoje prisustvo
i kada ne želim,
i kada ne sanjam...

Na vodi vidim svoje oči
umrle od čežnje.
Pokopane u jamama,
iza trepavica.

Pogledom u sjećanje,
traže posljednje mrvice tuge,
hraneći njima golubove zaborava.

Sunce bi da izađe,
a mi ga dlanovima zaklanjamo.
Navlačimo tamne oblake na
nebo naših iluzija.

Tiho, sivilo opet osvaja naš svijet.
Sada, kada su godine prošle,
ja znam tebe nema - to što je bilo,
nikada više biti ne može.

Mezaru se raduju

Potraži me,
tamo gdje dugine boje gube sjaj,
u dolini ugašenih snova.
Tamo gdje suze vremenom vladaju,
gdje sunčeve zrake već dugo ne dopiru.

Potraži me,
u svijetu kojim caruje bol,
tamo gdje je čežnja jedini gost,
gdje su bistre vode presušile
a hladne stijene dušu zarobile.

Potaži me,
tamo u krvavoj prošlosti,
gdje su oni hrabri smrtnicima postali,
tamo gdje za ljubav samo vjerni umiru
i s osmijehom na licu
zbog ljubavi
mezaru se raduju...

Kamenovi neoprosta

Ti grozdovi nišana prosutih po proplanku oko Memorijalnog centra u Poto-
čarima, uvijek me podsjete na suze, osušene na izboranom licu majke, koja
posjećuje mezar svoga sina i svakoga dana mu priča priče iz djetinjstva. One
priče koje mu je nekada pričala za miran i čvrst san. Ovdje se, u Potočarima,
svake godine 11. jula, na dan kada su 1995. godine zlikovci ubijali čitava sela
zarobljenih i nenaoružanih muškaraca, kada su zatirali porodične loze do nji-
hovoga korijena, održava komemoracija žrtvama genocida. Na taj dan u zem-
lju se spuštaju posmrtni ostaci tijela pronađenih i identifikovanih u proteklim
godinama. Prvi put sam bila na dženazi u julu 2011. kada smo u zemlju spu-
stili kosti moga amidže Hase Cvrk, rođenog 1955. godine. Sva četvorica mojih
amidža ubijeni su kada je okupirana Srebrenica 1995. godine. Amidža Ramiz,
rođen 1959. i amidža Munib, rođen 1949. ukopani su 2003. godine, a najmlađi
amidža Maho, koji je rođen 1962. godine, pronađen je tek 2013. kada mu je i
klanjana dženaza.

44

Taj odlazak u Potočare, susret sa preživjelim rođacima, dženaza i suze, vratili su mi na oči one stare slike. Vratili mi komadić nježnosti i igre, dok sam kao djevojčica bila u naručju svojih amidža. Tada su u očima rasle velike želje i nade, a danas one su zamijenjene tugom. Djeca mog rahmetli amidže, suzama zalijevaju tabut. Pokrivene zelenim platnom tu su, pred nama, iz masovnih grobnica sakupljane njegove kosti. Imali smo snove, a danas beskrajnu tugu i razotkrivanje smisla – šta je to zapravo život. Je li to tek iluzija? Još ne znam odgovor na pitanje kako insan može da podnese toliko tuge, da ide kroz život i bori se sa svim iskušenjima. Shvatam, kako vrijeme odmiče, to je Božija pomoć.

Godinama poslije, kada i sama na raskrsnicama života pokušavam pronaći odgovore, kada mi te slike djetinjstva ponovno naviru i često postaju jedino ishodište i vrelo osmijeha, vraćam svoj dug tim dragim ljudima. Učim Fatihu i poklanjam svoju pjesmu rahmetli amidžama. Neka je vječni rahmet njihovim čistim dušama... Amin!

Kamenovi neoprosta

Mojim amidžama

Magle se teške dižu
nad beskrajnim redovima nišana.
Na zrakama sunca lome se
plavičasta isparenja iz humki.

To duše još traže smiraj
u ovoj dolini
utihlih mezara.

Rosa cvili u naručju cvjetova
poniklih iz smiraja
nestalih mladosti.

U strahu prilazim
svakom sljedećem nišanu.
Milujem ga pogledom
i u okamenjenim riječima
prepoznajem imena.

Znam ih.
Do jučer su bili mladost i hrabrost.
Bili su zagrljaj.

A sada smrt...

Je li to ta priča moje majke
da sve prolazno je?
Da je ovaj svijet samo mjesto
na kome se trebamo spremiti
za bolji svijet.

Potočarski kamen nikao mi u grudima.
Nemam daha.
Samo bol.

Koračam između mezara,
jedino na ovome mjestu mogu
naći smiraj.

Ovdje su svi moji.

I sama želim da budem
tek bijeli kamen među njima.
Ista kao oni: gorda i ponosita.

Ali, mene vode drugi putovi.
Putovi bola i nedostajanja.

Cijeli život su gubljenja
i suze.

Šta nam osim toga ostaje?

Klečim, tu pored njih.
Mojih ubijenih amidža.
Mezar jednog...
Drugog...
Svježe zagrnut kabur
mog trećeg amidže.

Kakav je ovo susret,
O Bože!
Umjesto mog zagrljaja – Fatiha,
upućena Svevišnjem
da ih primi u svoj zagrljaj
vječni.

Kidaju moju dušu
u kamen uklesana
imena mojih amidža:
Munib, Ramiz, Haso...

Jedan je cvijet u ovom buketu nestao.
Onaj pupoljak, koji je tek trebao cvjetati
najmlađi amidža.
Moj drugi otac,
moja svjetlost.
Amidža Maha.

Godine su zatrle njegov trag.
Kosti njegove još tražimo.
Prekopavamo oranice, šume
masovne grobnice...
Pretražujemo sve puteve i staze
od Srebrenice do Zvornika
kuda se kretala kolona izbjeglica.

Sanjam često:
Kosti su mu rasute po njivama,
a moja pjesma putuje.
Odjekuje visokim bukovim šumama
ispod Udrča...
I amidža ustaje iz hladovine stabala
prilazi meni i steže me u zagrljaj...

Plačem!
Budim se i znam
njegovoj duši još nema smiraja.

Niz safove nišana koračam.
Sumorni su i monotoni ovi redovi
Koji svjedoče o njihovoj smrti.

Bili su četiri stuba,
četiri desne ruke oca moga.
Četiri zaloga moga postojanja.
Sada su četiri rane.
Četiri tuge goleme.
Četiri vječna kamena neoprosta
uspravljena u dolini
bijelih mezara.

Molitva

Kroz prozor je dopiralo prigušeno svjetlo ljetnog predvečerja. Ocrtavalo je siluetu žene, koja je skrušeno stajala, savijala se i padala na sedždu, predajući svoje misli, tijelo i duh svevišnjem Allahu. Nije se osvrtala kada sam otvorila vrata. Predanost namazu je najvažniji čin, tako da je ostala nepomična, bez bilo kakve reakcije, pokreta, drhtaja... Nastavila je klanjati kao da se vrata nisu ni otvorila, kao da se iza njenih leđa nisu čuli nepoznati koraci. Tek kada je predala sellam i sklanjala namaz, ustala je tiho, tako tiho kao da se sobom kreće blaga svjetlost. Čulo se samo šuštanje njenih dimija i kucanje sata na zidu, u hodniku. Složila je serdžadu i sa tespihom je lagahno spustila na stalak pored prozora. Prišla mi je i zagrlila me kao nikad. Rufejida Buhić - majka.

„Čula sam da si stigla kod bābe. Htjela sam doći da te vidim, ali sve se bojim da moj Razim neće odakle bahnuti, pa se prepasti što nisam u kući".

Sama je u ovoj velikoj kući, na kojoj su ostali duboki tragovi rata, načinjeni rafalima i gelerima. Majka Rufejida je u Srebrenici 1995. godine izgubila sina jedinca Razima Buhića. Imao je samo sedamnaest godina kada su ga ubili, dok je bez oružja, odjeće i hrane pokušavao kroz šume pobjeći prema Tuzli, od srpske vojske. Njen muž, Osman Besa Buhić, imao je 57 godina kada je stao pred streljački stroj, 1992 godine. Zajedno sa njim ubijeni su i Azem Alić (1955), Meho Jašarević (1950) i Mehmedalija Galac Ahmetović (1956).

„Odem često, na Besin mezar i pričam s njim, pa mi nekako lakše kad znam da me on čuje. Jednom sam ga i pitala je li se plašio kada su ga postrojili za strijeljanje sa Azemom, Mehom i Galcem, te noći kada su ih zarobili na Žutici. Rekao mi je da je samo osjećao neku studen kroz tijelo i brigu za našeg sina

Razima, kako će on preživjeti ovaj rat. A onda sam ga jednom i sanjala, kako se lijepo smije, onako sav rahat, pa mi bilo čudno, te ga upitah čemu sreća. A on mi veli: „Pa naš sin mi došao u posjetu".

Tišinu sobe ispunili su jecaji. I tiho pomijeranje njenih usana: „La ilahe illallah..."

Molitva

Duga
i tiha,
skoro nečujna
ljudska silueta
mučno ustaje i pada.

Pod mjesečinom.

Pogurena,
pod težinom ovozemaljske muke
korača.

Dopire oštri muk daljine,
kroz pukotinu pendžerskog stakla,
kao otpozdrav eha.

Gušeći dah...

Nadvijene grane gustog oraha
zaklanjaju mjesečev trag
koji vodi prema nadi...

I ostaje ona...
Molitva...
Jedina vjerna, vječna...

Prebiru tespih
već umrle ruke insana
moleći Svevišnjeg za oprost.

Lijepi džennet za njega,
jedinog svoga sina...

Odjekuju duvari
tišinom tuge i nijemoga plača.

Molitva teče...
Sve sporija i sporija...
Teče...

Na fesu dušmanica

Oteli su očevu ljubav tom djetetu. Radost su mu zamijenili suzama i čežnjom za očevom toplinom. Usadili su tugu u srce i drugoj djeci čiji su očevi ubijeni. A život mora da teče, makar tekao i bujicama nedostajanja koje ispunjavaju svaki njihov dan. Makar stvarao praznine i bio okovan iznevjerenim nadanjima. Snovi su postali jedini stvarni doživljaji tih maglovitih susreta sa očevima. Tu su ispričani planovi, kazane ljubavi, pokazane ocjene iz škole, otkrivene tajne i začeti uspjesi. Dok živi ljubav u tom djetetu, žive i svi očevi, kojima je beskraj kosmičke svjetlosti zamijenjen blatom bosanske zemlje, na koju su bačeni, ukočenih pogleda.

Dvadeset godina poslije pada Srebrenice i počinjenog genocida nad nevinim stanovništvom ovoga grada, još traje protraga za hiljadama nestalih. Nada je u stalnoj borbi sa sumnjom. Iako još nisu pronađeni i vode se kao nestali, u srcima njihove djece još postoji nada da će njihovi očevi ipak jednog dana pokucati na vrata živi i zdravi. Pjesma je potaknuta pričom Fikreta Hodžića o njegovom izgubljenom ocu, a pišem je u spomen svim očevima, čija djeca još uvijek ne gube nadu da će ih pronaći.

Na fesu dušmanica

Babo,
i noćas usnih san,
a u njemu ti.

Hodiš mi niz sokak,
sa džume se vraćaš,
osmijeh ti na licu,
šećerlama u ruci,
a niz fes ti mjesto kićaje
crna zmija visi.

Probudila sam se u tuzi,
s grčevima u srcu.

Nije prvi put...

Sanjam te često babo.
Na čas oživim nadu
i uzbudim sreću.

A onda...
Stvarnosti pendžer otvorim
da suočim zlo i čežnju.
I mislim...
Što li ona zmija na tvom fesu visi?
I tumačim san, sama sebi,
a odbijam znati...

Naginjem se kroz pendžer...
Udišem havu...
Pritišću me duvari,
osjećam tjeskobu,
Babo...
Šta li će ona dušmanica na fesu tvom?

Govorili nam mnogi,
vidjeli te tamo i ovamo,
i živog, i mrtvog,
kako se za goli život boriš.
I kako presječenog vrata
u nekom jarku ležiš...

A godine teku,
i teku,
tebe ni živog,
ni mrtvog, Babo...
Samo moja bol i žudnja,
pomiješani tragom vremena.

Isplakano lice,
i pitanje koje mi ne da mira:
šta li će na tvom fesu ona dušmanica,
Babo?!

Mnogo puta su me pitali čime su inspirisane moje pjesme. Zašto su pune tuge? Iz njih teče bol, razlijeva se stihovima...

Pjesma „Nada" je odgovor na ta pitanja.

Nada

Pišem,
da bol, bolu ublažim.

Da izrecivo
ne ostane neizrečeno...

Kroz stih, suza kad pođe
da vidiš,
da znaš da živim,
a ne živim...

U pustoj daljini,
u svijetu lažnoga svjetla.

Namještam masku za druge.
Crtam na njoj tugu srca moga
i duše
za tebe.

Taj teret vučem...
A teži je on od planine,
teži od mene...

Žudim,
čeznem,
žalom pružam ruke.

U prazno,
a s nadom...

Ne halalim...

Rat nismo birali. Došao je odjednom u Bosnu i Hercegovinu, u naše gradove i sela, u naše kuće i odnio desetine hiljada nevinih ljudskih života. Prekinuo je naša odrastanja, djetinjstva i mladosti... Ubio prve ljubavi... Ostavio djecu bez majki, supruge bez muževa, sestre i majke silovane i ponižene. Budućnost je pretvorio u ružan san.

I danas, kada sjećanja postaju sve blijeđa, poput izgužvanog platna, bačenog na tle da ga spira kiša vremena, još uvijek tragamo za kostima svojih najdražih. Ubijeni su, potom bačeni u masovne grobnice, a onda otkopavani bagerima, a kosti tovarene u kamione i prevožene u skrivene masovne grobnice na drugim lokacijama. A onda sa toga mjesta, da bi se sakrili tragovi zločina, ponovno su prebacivane na treće mjesto. Tako se dešava da u jednoj masovnoj grobnici budu dijelovi tijela žrtava iz nekoliko masovnih grobnica.

Vojska srpskog entiteta – genocidne tvorevine je strijeljala goloruke civile, koji su prije toga bili natjerani da sami iskopaju jame u koje će biti bačeni. Vojnici bi im pucali u tijela, jednom po jednom. Tupo je odjekivao udarac tijela o duboku jamu. Nekada bi ih u žurbi jednostavno samo pokosili rafalima, sve odjednom, dok bi oni stajali u vrsti, vezanih ruku i očiju. Ovakvih masovnih grobnica do sada je pronađeno na stotine, a u njima su hiljade i hiljade posmrtnih ostataka. Identificiraju ih putem DNA.

Dešavalo se ponekad da neko i preživi strijeljanje i pobjegne sa mjesta pogubljenja. Nažalost, ovakvih slučajeva je bilo malo. Preživjeli obično ne žele da pričaju o tim traumatičnim scenama koje žele izbrisati zauvijek iz sjećanja. Neki pak pristaju da govore, vjerujući da će sebi olakšati tu bol i odagnati strah.

Oni su svjedočili da su među četnicima prepoznavali dojučerašnje komšije, prijatelje, školske drugove, poznanike... Ali niko od tih zlopakih vojnika, krvoločnika, nije želio dati do znanja da poznaje ijednog od postrojenih u stroj za strijeljanje, i nikad niko od njih nije želio pomoći namučenim zarobljenicima.

U masovnim grobnicama još uvijek se pronalaze posmrtni ostaci mladića koji su zajedno krenuli iz Srebrenice u julu 1995. godine, kako bi prešli na slobodnu teritoriju pod kontrolom Armije Bosne i Hercegovine. Grupe su znale biti sastavljene od dva, tri ili više braće. Svi su zajedno ubijeni, bačeni u masovne grobnice. Neki još uvijek nisu pronađeni. U jednoj grobnici pronađena je majka kako u naručju drži svoju bebu, staru nekoliko mjeseci. U drugoj je pronađen skelet trudnice i kosti bebe u poodmakloj trudnoći...

Onima koji su to učinili ne halalim i nikada neću halaliti ni jedan nevini život.

Ne halalim...

Podignutih ruku u zrak
koračam u koloni zarobljenika.
Moja braća ispred.
Moja braća iza mene.

Kolona je duga, nepregledna...

Iscrpljen sam majko.
Od prokletog sunca.
Od gladi.
Straha od pogubljenja...

Molim Boga da mi olakša ove muke
i rastereti me bola...

Majko, klonulo je moje tijelo,
ali misli su još uvijek bistre -
znam vode nas pred streljački vod.

Gledam te ljude,
te zvijeri crnih lica i
krvavih očiju.

A onda, među *njima*,
prepoznah glas
i zaigra mi iskrica nade u srcu.

Sveto!!!

Moj školski, moj životni drug.
Moj pobratim, a tvoj posinak majko!

Spašen sam!!!

Nada mi grlo grči...

Postrojavaju nas jednog pored drugog
na ivici ogromne tamne jame...
Ja mu poluglasno
dozvah ime:
– Sveto, brate, spasi me – rekoh.

On pogleda me, majko,
oštrim pogledom, k'o nikad.

U dva koraka
iza mene se nađe,
i kundakom puške
snažno me udari u leđa.

Bol dođe do kosti!

– Ne znam balijo, ko si,
nikad te video nisam! – reče.

Padam na koljena,
od boli majko.
Nesvijest mi u glavi zavrti.

U trenu mi
kroz misli, cijeli život
prostruji.

Sjetih se Svete,
mog pobratima do jučer,
kako sellam našem domu naziva.
Kako tebe svojom majkom zove,
i za sinijom komad vrućega hljeba
dijeli sa nama.

Sjetih se majko igranki i sijela.
Cura mladih, pjesama i prela,
i mog pobratima Svete,
dok potajno, iz prikrajka,
našu Fatu zagleda.

Prođe mi slika tebe, kraj pendžera,
nas dvojicu si do zore
iz lutanja čekala.

I one tople posteljine na našim krevetima,
mirisom zumbula što je mirisala.
Što si samo za mene
i za svog posinka Svetu čuvala.

A evo majko,
ja sad pred njim klečim.
Zašto su mu oči pune mržnje?
Kao kurjak na mene reži.

On mi majko život okončava,
i sa ovom tamnom jamom
moje iscrpljeno tijelo suočava.

Al' ne plači!!!
U jami nisam sam.
Tu su Ibrahim, Ismail, Muhamed...
I ostala moja družina!
Svima nam je pobratim Sveto život oduzeo
i gromkim rafalom prošlost izbrisao.

Ti nam stara sa Fatihom u posjete dođi,
šehidska si majka,
time se ponosi.

A kada vakat dođe,
u Potočarima, bijele nišane nam digni,
sa ostalom braćom šehidima,
tamo, tamo ćemo vječnost čekati.

Moja sudba,
i sudbina drugih
bez grijeha umorenih
pouka je živima.

Nemoj im vjerovati,
i nemoj zlo zaboraviti
i nikada, nikada nemoj,
nikada im halaliti!!!

Nerođenim nasljednicima

Odlazila sam
u kutke ćutljivog trena.

Brojala oštrice bola i
spajala komade iskidane duše.
Dok bi nebo oplakivalo
tragove srebrenih osmijeha,
izgubljenih u blještavilu nade.
Te izdajnice vjerne,
prisvojnice moga tebe.

Iz hladnoga tla
disala bi magla
i svježina have
jurila bi neljubazno
po dubokom koritu
moga obraza.

A ja bih se uzaludno osvrtala
tražeći ruku
toploga tebe, niotkuda.
Onda bih gurala samoću
u neoprostivo jučer,
nedorečenih misli,
nedosanjanih snova.

Roveći prstima
u nemoguće sutra,
nedokučenih želja,
nerođenih nasljednika.

Nišani u Potočarima

Molitve izgovaram i slušam kako trava šušti ispod mojih nogu. Koračam već satima i gledam te nišane, tu bjelinu, nevinost... Koračam tiho, da ne probudim njihova uspavana lica. Te sklopljene oči dječaka, koji su usne neljubljene naslonili na majku zemlju i zakleli se Bosni. Tiho, da ih ne probudim, izgovaram dove i molim Svevišnjeg za njih. Oni su pupoljci bosanske čednosti. Ovdje su iznikli svi ljiljani bosanski – u tihom mezarju Potočara.

Nišani u Potočarima

Rasuti poljima i bregovima
oni su opomene i pozivi na buđenje
ljudskoj savjesti.

Božije pravde čekanje
cijeli je ovaj bogovjetni život
i ništa drugo.

Iza njeg' tek ostane nišan
i poneko djelo.

Nepregledni je ćilim
zločina žicom izatkan.
Šare mu nerazdvojni spoj
bezgrešne krvi,
nevinih života
i boli.

Njemu je vječni zavičaj vjera.

Nišani su
ovoj domovini temelj.
Neoborivi štit!

Majčinom oku su suza,
očevom srcu bol,
a sunčevom sjaju zastor.

Generacijama uputa.

Zulum...
Šejtanskoga kola svod,
dželatskoga zlodjela krov...
Nepravda.

Na svakom
i pored svakog,
ime i tespih.
Sjećanje i ljubav,
molitva i grč.

Kjafiru su haram
i vječna noćna mora.

Oni bjelasaju u noći i izniču u safovima
iz nesna djecoubica, mučitelja, krvnika...

Sudnjega dana su kazna.
Nišan do nišana...

Odlazi

Molim te
odlazi...

Ovo srce je ranjeno,
ne jednom, ne dvaput...
Ono truhne u krvavom bolu
već dugo...

Tu je bešika svih početaka,
i nišan svih krajeva.
Utopljena snaga,
izgubljena borba.

Molim te,
ne ulazi u dušu
isječenu sabljama
silnih prevara,
i razočarenja.
I ne traži
žar ugašenu,
u pepeo pretvorenu, vjetrom otpuhanu.

Tihim skladom oproštajne pjesme
odvela je moje nade u ambis.
Ova bol vječno boli!
Molim te, ništa ne govori!
Tvoj glas je nova kap krvi!

Ne gledaj me!

Plavetnilo oka tvog,
novo poglavlje već prihvaćene smrti .
Ne dodiruj me!
Odlazi!

U ovoj ženi
ne traži utočište…

Ovdje su hladne i nemirne luke,
obvijene teškim maglama
jesenjih jutara.

Ne nadaj se…
Utočišta su odavno nestala,
kradom su odvedena u nepovrat…
U nepoznato…

I to ne jednom, ne dvaput…

Snaga je pokleknula pred željom
i zauvijek se predala,
poslije duge borbe…

Pjesnička tuga

Ponestane daha ono pokatkad,
kad mislima ploviš unazad kroz vrijeme.
I samo po sebi dođe ti da kuneš,
a da ne naslutiš bol onom drugom,
iako te još uvijek boli, bol od njega smrtno...
I da tako iz ćoška maglovitih mrlja
izvučeš pero, komadić hartije i tintu,
pa skrabaš osjećanjima da ostanu,
za neka nova lica,
za neke nove ljude ispravnoga srca...
I dođe ti da vrištiš tim perom,
iz sveg glasa urlaš,
na taj komadić hartije k'o da je kriv,
a nije... već bol što tinja iz dubina,
kao lavina zapečaćenih snova,
zamrlih nada,
neoživljenih sinova,
ničijom krivnjom smrtnika.
I kud god pero pođe
opet kraj nekakav svoj nađe,
a ustvari kraja pravog i nema,
niti je započet ikada bio,
a okončan bi, ni sam ne znajući,
kako li, ni zašto li,
tek onako kao da i ne bi... nikad...
nekom ništa, a nekome sve.

Oteto pa uništeno,
smrtnom ranom zaliveno,
niti mrvom srama obilježeno,
niti stidom bar načeto...
A nekom bi sve,
i za svagda...

Halali dajdža...
Pod krošnjom stare trešnje

Trešnja. Na brijegu, iza dajdžine kuće.
Otkako znamo za sebe, stajala je tu, raskošna.
Pod širokom krošnjom generacije nas
provodile su vrijeme.
Razgovori, ašik-akšamluci, sevdisanja...

Te večeri...
Bilo je ljeto i rat je uveliko već odmakao.
Svikli smo se bili na smrti i gubljenja.
Ali, nenadano, pojavi se dan, pun smijeha
i radosti.

Iz sušare mamio je miris,
tek zapečenih šljiva.

Okačen o krošnju nebeskog svoda,
Mjesec je lutao po našim licima,
nitima svjetlosti,
otkrivajući ozarena lica mladosti.

Bili smo željni ovozemaljskih izazova.

Isušenim licima govorili smo tugu,
ispraćali želje jednu za drugom
u vrijeme koje nas je izdavalo.

Umorom su otežavale oči
svakog od nas,

zamagljujući iskrice nade
dok smo se stapali u vihor
izazova sijačima smrti.

Iz pocijepanih opanaka
javljali su se goli nožni prsti.

Stomaci su igrali nesnosne igre,
odzvanjajući u svojim muzikama.

Neko je pružio komad hljeba od kukuruza,
kidajući mrvice jednom po jednom,
potvrđujući brižno prijateljstvo,
krađom bijedne prohe
iz majčine tepsije.

Krili smo se potom pod plaštom mraka
iza sušare.
Sa ljesa* je dopirao čarobni miris -
glad nas je tjerala unutra.
Vrelim šljivama stomake smo pretrpali.
Smijali se i
opet pod krošnju naše trešnje bježali.

Ezan za jacijski namaz punio je noć
kao što Sunce puni zrno pšenice.

Razišli smo se šuteći,
dok su riječi imama
strujale kroz noć...
Sljedećeg dana više nije bilo trešnje.
Niti sušare...

---

*   Od tankih grana-pruća, pletena podloga za sušenje šljiva

I jednoga od nas...

Rat je uzeo sve!

A ta granata je došla
po ono malo ljepote
što nam je bilo ostalo.

Prijatelju

Rat je i svi u Srebrenici oskudijevaju sa odjećom. Glad i bolesti su pritisnuli grad u kotlini, a na brdima okolo obitava smrt. Već smo mjesecima u četničkom obruču i niodakle ne može doći hrana, lijekovi, odjeća... Osipamo stare džempere i od njih pletemo nove. Pletemo rukavice, kape, šalove...

Sjećam se, tada sam i sama, želeći da odagnam svoje crne misli i brigu, satima sjedila pokraj prozora dajdžine kuće i plela. Tu smo boravili kao izbjeglice i valjda se u čovjeku pojavi potreba da da svoj doprinos, da ne bude samo na teretu drugima. Od kada me mama naučila da pletem, plela sam za svakoga po nešto. Jednom sam osula mamin stari crni dzemper i od te vunice isplela kapu za svog rođaka Azema Memiševića - Facu, rođenog 1957. godine. Bio je moj najbolji prijatelj u životu, čovjek koga sam smatrala svojim starijim bratom. Dala sam mu kapu tog zimskog jutra 1993, kada je pošao u borbu. Pogledao me, očima punim ljubavi i zahvalnosti, a onda čvrsto zagrlio i poljubio u obraz. Imala sam osjećaj da se zauvijek oprašta od mene.

Poslije podne njegovi suborci su ga donijeli mrtvog pred dajdžinu kuću. Na glavi mu je bila kapa od crne vunice koju sam mu isplela, sva u krvi. Život je dao da bi zaštitio nas, da bi sačuvao domovinu. Neka mu je vječni rahmet. Amin...

Prijatelju

Još tvoje riječi:
– Poželi mi sreću, sestro! –
odzvanjaju jasno i čisto
u mome sjećanju.
Trenutak našeg rastanka
se zaledio...
Poput najsjajnije zvijezde nad
polarnim krugom.

Svuda su kristali plavoga sjećanja
sada,
kad pogled ide ka nebeskom azuru
tražeći tvoju slobodnu dušu.

Sjećam se, vjetar te toga jutra,
svojim ledenim kandžama
odvajao od mene.
Čupao te iz moga zagrljaja
kao najdraži cvijet iz bašti
vječnog prijateljstva.

Dodirnula sam te poljupcem!
Tvoja kosa je lepršala, poput zastave
prema kojoj smo trčali tih dana rata
dajući joj ime sloboda.
Na nju sam stavila tu crnu,
obećanu kapu.
Nju sam isplela od vune
majčinog starog, osutog, džempera.

Beskrajne šare kristala, prelamale su se
na sniježnim pahuljama.
One su nestajale,
topile se na vlasima tvoje crne kose.

– Čuvaj se – rekoh.
A želja da se vratiš jednoga dana,
želja, velika kao nadanje,
rasla je do neba:
– Vrati se! Vrati se, molim te!

Molila sam Boga
da pucnjava prestane,
da čujem tvoj glas.

Crne slutnje...
Tvoje tijelo na nosilima...
Smrt!
Skinula sam tu crnu kapu
i krv sa lica svojim suzama prala.

Usne sam prislanjala na tu ranu od metka.
Na čelu.
Nisi se pomijerao.

I proklinjala sam...
Proklinjem...
I proklinjat ću...

U mojim molitvama,
na krilima meleka koji nose
moje dove Svevišnjem,
putuje i naše prijateljstvo.

Šehid

Tebi, suzo!
Dok krvavim perom
večeras stihove pišem.

Krilo bijelo mi je slomljeno
i već dugo ne letim.

Ispisujem pjesmu...
Tebi!

Od tebe, zelena rijeko
slušam tu priču o njima.
Te stihove koje
klokotima jecaja naričeš.

Iz dubine zdenca tvoga
izviru crne tajne
o nevinim tijelima.
Talasi ih nose
odbačene, same, bez duše...

Bremenita sjećanjem ploviš.
Tebi!

Tebi pjesmo.
U stihovima svojim,
tim ešalonima tvoje vojske
imena dragih u žalu što čuvaš.
Tebi!

Tebi domovino,
krvlju natopljena
ljiljanima Zlatnim okićena,
ordenjem bez sjaja popločana...
Tebi!

Iz pepela, gordo, nad mukama,
o Uzvišeni!
Tebi,
svoje evlade
u amanet šaljem!

Neostvarena želja

Kosti Esnafa Hasanovića istražitelji su pronašli šest mjeseci poslije rata tačnije 29. Januara 1996, pored zida napuštene kuće, blizu slobodne teritorije. Iako je bio ranjen i iscrpljen, svjestan da će skoro umrijeti, pronađenim komadićem ćumura, na zidu je napisao svoje ime i ime svoga jedinoga sina Elvisa. Izvinio se roditeljima što je bio nestašan kada je bio mali i što nije htio jesti jabuke. I otišao je zauvijek.

Esnaf je prije smrti dugo tumarao šumama. Imao je tada 28 godina, a vjerovao je da će se najlakše izvući sa okupirane teritorije ako se bude držao svoga oca, sa kojim je skoro mjesec dana tražio izlaz na slobodnu teritoriju. Međutim, jedne večeri upali su u zasjedu i Esnaf je ranjen. Uzalud su se pokušavali naći u šumi nakon napada. Noć, nepoznat teren, desetine vojnika i rafali, odvodili su ih sve dalje jednog od drugoga. Otac je uskoro uspio preći na slobodnu teritoriju, a sina nije bilo, niti je ko bilo šta govorio o njemu, sve dok mu nisu pronašli kosti.

Moja tetka, Hata Hasanović, otišla je na drugi svijet nekoliko godina nakon pronalaska Esnafovih kostiju. Bol je razorio njeno tijelo. I ona je krenula ka njemu.

Neostvarena želja

Zidovi me guše.
U nepoznatom trenu tvoj lik
kao da pluta u zadimljenom prostoru
ove moje samoće.

Dozivam ti ime, Elvise, sine,
al' ti ne odazivaš se.

Tvoj glasić gubi se u ehu
podmukle praznine.

A ja ti ipak pružam ruku,
molim za tvoj oprost.

Opet čujem tvoj osmijeh,
u ovom tamnom strahu
od sebe samoga.

Danima sam u četiri zida,
bez života u tijelu,
bez snage...

Bez ikoga i ičega.
Ne sjećam se ko sam,
ni ko mi je mati,
ni otac ko mi može biti,
ni kako sunce izgleda,
niti kako mjesečinom harmonija svira.

Ne sjećam se niti koji je dan,
ni kad sam zadnji put okusio hljeba.

Ne mogu dozvati sjetu
da mi kaže kako sam dospio ovdje.

Niti zašto smrtnom hladnoćom
odjekuje ovaj prostor.

Zašto crna vrana
ne odlazi sa ovog malog pendžera.

Zašto su mi noge u krvavim ranama,
zašto sam k'o prosjak u ritama,
zašto žive duše oko mene nema
i zašto me ovaj strah ispod kože izjeda?

Samo mi je, sine Elvise, babin Bošnjače,
tvoje ime čisto k'o suza!
Od tebe halal tražim.
I poruku nosim:
Puška mi je sada najrođenija sestra,
a ćumurka crna, nerođeni brat.

Temelj
doma moga

Povratak u opustošeni rodni kraj. Na temeljima sagorjelih i porušenih kuća očevi, majke, sestre, sinovi i kćeri, sabiraju puste uspomene. Oplakuju svoje gubitke. Susret sa ruševinama domova, otkrije ruševine koje nosimo u sebi, razvaljene zidove uspomena. Tu je kraj onog najvažnijeg dijela života. I početak onog drugog, kada se treba suočiti sa sjećanjem, sa prošlošću, a ipak koračati i učiniti život smislenim. Da bi sačuvali novac, nakit, uspomene, dokumente i fotografije, na početku rata ljudi su u staklene tegle stavljali dragocjenosti i zakopavali negdje u dvorištu. Obično bi to činili pred svjedocima, jer se nije znalo ko će dočekati novi dan. Ipak, dešavalo se da djeca zaborave na kojem mjestu je tegla zakopana. Onda bi po povratku danima prekopavali livade i okućnice, tražeći uspomene. Mnogi, koji su bili djeca prije rata, a danas su odrasli ljudi, ostali su bez ovih vrijednosti, ostali su bez uspomena koje ih povezuju sa prošlošću. Samo u sebi još nose djetinjstva trag.

Temelj doma moga

Pust,
nekako sužen i skoro neprimijetan.
Raste ruševan, iz dubine našega
rađanja.
Odrastanja.

Izviruje postiđeno,
tek da se zna,
da je nekada bio svrha
žîvôta i snova dječijih,
zalog svih briga roditeljskih.

Mjesto ljubavi i centar svijeta.

Polasci i odlasci.
U suzu je stao čitav kosmos
roditeljskog truda.
Otkida se i nestaje
u šipražju
pod nogama.

Iz suze će nići novi dom
Na ovome mjestu.

Pred očima mi
nedovršeni prizor našega djetinjstva.
Prekinuta slika na platnu
u čije reljefe
nisu ucrtani nikakvi putevi.
Mi ih sada sami nalazimo.

Dom naš,
rastao je dušmanima
u oku,
u trn se pretvarao.

Toplo gnijezdo naše.

Vratila sam se i
ispod ničega tražim
djetinjstva trag.

Tražim sliku,
bar jednu.
Jedino smo na njoj zajedno
Ja, brat, seka...
U staklenoj tegli ih
majka zakopala,
pažljivo
kao da nas ponovno rađa...
Majka je
na Ahiret preselila, a ja sam
odrastala i zaboravom pokrila
to mjesto, dva koraka od
kućnoga temelja.

Sada, kada sam i godine,
i strah savladala,
tu na mjestu temelja
rodnoga doma,
slomljena tragam
za minulim dječijim likovima.

Da slikom prenesem
prošlo doba
našim evladima...

Ni to kadra nisam!

U plamenu je sagorjela
slatkog doma
toplina i
djetinjstva trag.

Ostala je tek tuga
nedosanjanog dječijeg sna
prostrta na samotnim ostacima
tužnog kućnog temelja.

Trag u vremenu

Tragovi prošlosti drhtali su
u našim zjenicama.
Tražili smo svjetlost na caklini oka -
ona uvijek govori istinu.
Kao dodiri naših tijela.

Zaostala bol porodila je suzu.

Spuštao si pogled često,
krijući očaj ili stid,
kotrljanje suze k'o grude snijega.

Ona postaje sve veća i
pokreće lavinu osjećaja
dok odlazi u ambis niz lice.

Nazirala se tuga, ma šta da je bilo.

Posmatrala sam svaki pokret tvoga tijela
preispitujući biće u tebi,
tražeći onu iskricu modrog dobra
kojeg sam ostavila u tvoje tijelo,
izlijevajući toplinu najljepšeg iz sebe.

Na tvom licu,
bore su otkrivale vrijeme koje je prošlo.
Teret kajanja vijerno ti je sjedio na ramenu.

Osjećala sam tugu,
posmatrajući vas dvoje -
koje je Bog stvorio jedno za drugo.
U neželjeni spoj.

Borio si se sa stravama prošlosti u sebi.
Šutnja... Vijerno te je izdavala.
Bacila sam pogled u jednom trenu,
ka rukama koje su nekada topile
moje tijelo u strast.

Vidjela sam drhtave prste.
Igrali su, jedan s drugim
meni nepoznate igre.

Začudo,
mislila sam da poznajem
i te prste, i te ruke.
U njima sam često snove snila
proteklih godina.

Pružila sam svoje ruke
i dotakla sklad umrlih želja
i neostvarenih nada.
Gažene su bolom i čežnjom
svih ovih godina.

Ispred mene prostor je oslikavao
samo ledenu santu idealizovanog tebe,
okovanu sebičnim bolom u protkanom žalu.

Rušila se slika velikog tebe.

Snovi su se utopili u riječne brzake.
Ostavljajući samo tihišumiz a sebe.
Ova noć, puna tuge
nemilosrdno je zatvorila
stranice naše knjige i stavila
na kraju ove priče tačku.

Učitelji
iza nišana

Sjećam se dobro, u aprilu 1992. godine još uvijek smo išli u školu, iako je rat u drugim gradovima već uveliko uzimao maha. Naši roditelji su i dalje vjerovali da nas neće zahvatiti taj belaj, jer nismo nikada nikome naudili, pa neće niko ni nama.

Tek mnogo godina poslije vratila sam te slike u sjećanje. Svakoga dana susretali smo naše profesore u vojnim uniformama. Bilo nam je to čudno. Čak su i na časove u njima dolazili. Pitala sam jednog od njih zašto nosi vojnu uniformu, a on mi je odgovorio da dolazi sa vojne obuke. Poslije tog časa, dok smo u hodniku čekali na sljedeći čas, slučajno sam čula razgovor dvije školske drugarice – Srpkinje: "Profa sa mojim tatom vikendom ide u rat i ubija muslimane, a onda od ponedjeljka do petka dolazi predavati. A ona balinkura hoće sve da zna. Ja bih je golim rukama mogla sad zadaviti."

Sada, kada sam već zrela žena, pokušavam samoj sebi odgovoriti - kako je moguće da smo bili tako naivni. Dok su oni odlazili u susjedne gradove, kao što su Zvornik, Goražde, Bijeljina, mi smo i dalje živjeli u zabludi da nam naši učitelji neće nauditi. Posljednji put sam išla u školu 4. aprila 1992. U srednjoškolski centar Vlasenica. Toga dana, u Milićima na autobuskoj stanici, gdje smo inače presjedali iz jednog u drugi autobus, iz autobusa kojim smo putovali srpski učenici, koji su putovali zajedno sa nama, izvukli su učenike muslimane i tukli ih. Udarali su ih i nogama, i rukama, kožnim opasačima, a mi djevojčice smo u autobusu vrištale od straha. Molile smo vozača autobusa, koji je također bio Srbin, da zaustavi taj besmisleni napad. On se samo nasmijao i rekao: "Ja ništa ne vidim. Ne znam o čemu pričate."

Kada su profesori odlazili na ratišta, kako bi ubijali muslimane, ovakav čin uče-nika srpske nacionalnosti samo je bio logičan uvod u ratno ludilo. Dok su se srpski dječaci iživljavali na jadnim dječacima muslimanima, sa strane su, kao posmatrači, stajale djevojčice srpske nacionalnosti i smijale se, kao da ne poz-naju nikoga od nas. Kao da do prije sat vremena nismo zajedno sjedile u istoj učionici i dijelile radost i tugu.

Ništa nakon tog dana više nije imalo smisla.

Učitelji iza nišana

Zaigrani, tim pravilima života,
morali smo zaplesati i mi...
Zaboraviti dječije
igre u dvorištu škole.

Školske bilježnice i
istrošene korice knjiga
shvatali smo kao sveti dio nas.

Učili su nas da bratstvom čuvamo ljubav,
a jedinstvom ćemo da učvrstimo
pod nogama tle.

Zemlja znači ponos,
ognjište zakon.

Vjera je čistila naše prljave misli
ili već učinjena djela.

Latinica i ćirilica bili su jedno pismo
kojim historiju tabirismo,
posebice onu
Titovim stazama revolucije.

Vaspitani smo bili
pred učiteljem drhtali od strahopoštovanja
i za svako pitanje,
za pravo da govorimo
dizasmo dva prsta.

Svašta nas lijepoga naučili,
ili smo bar vjerovali da je lijepo,
a onda su nam oni,
ti isti ljudi,
sa školske putanje život skrenuli
u pravcu šuma.

Odjednom su bili na drugoj strani
tražeći opet nas - sada puščanim nišanima.

A šta smo im to skrivili mi?
Poslušni, nezreli,
puni nevinih divota, neiskaljenih ljubavi...

Još djeca, i po dobu, i po pameti,
tek u začetku traženja životnih zakona
i razumijevanja svrhe postojanja.

Sada po šumama savladavamo zakone
preživljavanja.
Skrivamo se od zime i kiše,
noža i žice,
tu na nekoliko sati tumaranja od Srebrenice.

Čime nahraniti stomake?
Svijamo se u klupka
tražeći na hrpi lišća utočište
svojim snovima.

Pod paljbom tenka, smrt
trči kroz šumu i traži nove prijatelje.
Svakoga trena je srećemo,
gledamo joj u oči,
pretvaramo se da smo hrabri,
a od straha umiremo u sebi.

Tome nas nisu naši učitelji učili,
a sve generacije bosanske pamte ratove.
Možda su se bojali da će duha pustiti iz boce
pa su prešutjeli.

A zašto su onda puške uzeli?

Da li im se grči u stomaku
kad prepoznaju naša lica na nišanu,
prije nego li stisnuo kidač
i gledaju tijeladoksek   otrljaju
kosinom prema Drini.

Ipak, neko će ostati,
spašen od njihovog nišana.
Jer, ovoj igri nije kraj.
Ostat će i riječ zapisana
kao svjedok,
kao mač.

Ukrala sam

Početkom rata 1992. teško je ranjen Esed Eso Mehmedović. Imao je tada 25 godina. Metak koji je ostao u tkivu, prouzrokovao je gangrenu i brojne probleme. Ratna bolnica nije posjedovala medicinska sredstva da bi se adekvatno pomoglo ranjenicima. Mala rana nekada je značila – smrt. A ovako teške, kakve je imao Eso, govorile su da se ranjenik vjerovatno neće iščupati. Eso je bio dobar prijatelj moga brata, tako da smo i mi razvili jedno divno prijateljstvo. Bio mi je i brat, i drug, i pojam za savršenstvo dobrote. Nakon ranjavanja mjesecima se borio s bolovima, umirao svake sekunde, napuštao nas svakog trena...

Prvo je ležao u Ratnoj bolnici u Durmićima, a onda je prebačen u Ratnu bolnicu Srebrenica. Posjećivala sam ga često. I kad god bih imala nešto hrane, odvajala sam dio za njega i odnosila mu u bolnicu. Nije puno jeo. Mir između napada bola, postizao je cigaretom. Naš posljednji susret bio je na dan njegove operacije. Doktor je donio odluku da se Esina noga mora hitno amputirati. Toga jutra je bio neobično miran. Tiho je govorio, kao da je htio da svi sudjelujemo u njegovoj smirenosti.

Prilikom jedne posjete, primijetila sam da u smotuljku parčeta papira priprema suhe listiće ostruge za novu "puš" partiju.

– Vala mi je želja drug, jednu pravu da zadimim – rekao je. Znala sam da je to protiv pravila lijepog odgoja, ali sam toga dana prvi put u svom životu ukrala! Dajdža, u čijoj kući smo kao izbjeglice boravili, imao je nekoliko skrivenih cigareta, za koje sam samo ja znala. Odlučila sam da bez njegovoga znanja uzmem jednu i ispunim Esi želju. Od bolnice u Srebrenici, do sela u kome je dajžina kuća, trebalo nam je tri sata debelog pješačenja, ali ja sam trčala kao luda, gubila dah u grudima i molila noge da ne posustanu. Osjećala sam da on odlazi zauvijek i morala sam mu želju ispuniti.

Utrčala sam u sobu, zavukla ruku ispod gomile naslaganih jorgana i izvukla kutiju, u kojoj su bile samo još tri cigarete. Nisam se dvoumila - uzela sam jednu, a ostatak vratila na mjesto. Sva sretna odjurila sam nazad u bolnicu. Nisam ni bila svjesna da sam toga dana trčala možda i više od četiri sata. Uspjela sam stići nazad u bolnicu prije operacije.

Eso me je pogledao začuđeno, dok sam u bolničku sobu ulazila sva u znoju, bez daha u grudima. Pružila sam ruku i otvorila šaku pred njegovim očima. U njoj je bila iskrivljena cigareta "Sarajevske Drine".

Nije pitao odakle cigareta. Bez riječi je odbijao dimove. A onda rekao:

– Znaš, htio sam ti reći mala, da sam jako ponosan na tebe. Ti znaš ba to pisati i vazda nešto škrabaš, nemoj to da zabrljaš – nastavi. Vjerujem da će od tebe biti nekad nešto. Obećaj da hoćeš – rekao je.

Tu rečenicu pamtim i danas. Htio je da budem ono što jesam, vjerovao da mogu, želio da pratim svoje snove i znao da ispunjavam obećanja. To je bio naš posljednji susret.

Doktori u ratnoj bolnici u Srebrenici nisu imali lijekove niti anesteziju. Bol su pokušali ublažiti rakijom, ali Esine muke su bile neizdržive.

U plavetnilo beskraja odlepršala je njegova duša. Odletio je soko čijim krilima smo se svi divili. Ostavio je iza sebe trag prijateljstva, herojstva i odanosti, patriotizma i ljubavi.

Ukrala sam

Tvoj pogled je tonuo polako.
Odlazio je u smiraj,
ostavljajući tragove nedovršenosti
na ovome svijetu.

Oslikavale su se puste želje u zjenicama
sa kojih je nestajao sjaj.
Žive su bile samo slike, zaleđene.

Ratna bolnica.

Krici ljudi bez imena,
utihnu s vremena na vrijeme.

Gledam te.
Tijelo kršnog momka iz zavičaja
grohnulo je.
Kao trun u uglu kreveta ležiš.

Dani su dugi kada je bol veliki.
Patnjom broje jedan drugoga,
do onog sudnjeg.

Sve si manje govorio...
Riječi su se otimale kao
isprekidani lanac zvjezdanih putanja
iz ruku Svevišnjeg.

Dogorijevao je jedan život
poput lista duhana
smotanog u cigaretu.

Rat je i vojnici su u šumi.
Glad. Bukov list umjesto duhana.
Blatnjavi rovovi i hladne cijevi.
Busenje u zraku.
Samo još topovi obrađuju
ovu krvavu zemlju.

– Posljednja želja mi je pravi duhan zadimiti –
bolnim glasom tog jutra šapnuo si.

O Bože, oprostimigrijeh!
Ukrala sam toga dana!
List pravog duhana iz dajdžine bašče.

Halalite mi Božji robovi,
ali njemu, ratnom prijatelju
posljednju želju morala sam ispuniti !

Drhtavi prstiprinosilisucig   aretu
suhim usnama.
Uvlačio si posljednje uzdahe
ovozemaljskih draži.

Tvoj život je nestajao.
Gubio se pred mojim očima
kao kolutovi dima u zraku.

Išaretom si dao znak da priđem.
Kraj tvog kreveta kleknula sam
plačući nijemo.

Rukom sam dotakla ranjenu nogu,
a znala – u njoj više života nema
ni osjećaja.

– Ne plači – rekao si.
– Heroji tvojih pjesama ne umiru.
Čuvaj merhamet svoje duše i...
... i vidimo se, ako Bog da, u dženetu.

Jato bijelih golubova
ponijelo je tvoju dušu
tragom meleka ka nebu.

Nastupila je tišina.

U dnu horizonta,
gdje sunce na počinak odlazi
kolutovi dima, valjaju se nebom.
Crni.
Gore domovi nedužnih
koje si šti tio.
Evo, rat već donosi nove beskućnike,
a tvoja duša sada
ona je našla smiraj
i svoj vječni dom
u dženetu.
Amin!

Žal

Još, ne spoznah dodir tvojih ruku.

Tvoje usnulo lice je
žarka čežnja budila
i daleki vapaji iz noći,
molitve iz moje postelje
satkane od mirisa...

Vapaj!
Zvone stihovi ljubavne pjesme.

Dugo sam je za tebe pisala.
Dugo, dugo...
Dok su mjesečeve zrake
sa moga obraza brisale suze,
a sjene noći svojim poljupcima
smirivale uzdrhtale usne
u bolu.

Molila sam vrijeme da stane.
Molila sam neizvjesnost da nestane.
Molila sam prošlost...

O, koliko sam puta molila prošlost
da se izbriše...
I nikada nije...
Molila sam i daljinu –
taj nevidljivi mir,
u kojem si vrli gost.

Molila sam da mi te vrati .
Nikada nije!

Ponekad bih samo tvoje ime čula
iz šuma valova
rijeke što teče ka moru...

A onda bi te eho
o, taj sebični eho,
opet oteo od mene
i poslao na nedosti žne puteve.

Ostavljajući me opet samu,
okićenu ruhom tuge,
u rascvjetalom vječnom žalu...

Zora

Hladno je,
iz korijena tame, sa dna
budi se,
umorna od sna,
siva i teška - zora.

Pritiska prsa k'o mõra
pali oganj iz kojeg
porađa se svjetlo.

Donosi dan - produženu bol,
moju slabost na sreću.

U daljini
još prigušeno svjetlo
žarom svetionika
prži svojim iskrama
smaragdnu tminu.

Glasaju se noćne ptice.

Iz dalekog spokojstva
dopire zvuk gitare
isprekidan šumom valova.

Čarolija noćnog spleta...
Poznati stih naše pjesme
i suze same kreću svojim
koritom bora
tragajući za tobom.

Tebe, kome su oblaci ukrali oka sjaj,
daljine pokopale glas,
koji odjekuje u nepostojećem ritmu eha...

Nevidljivom strunom biram
posljednju notu
izgovaram riječi neispjevanoga stiha,
nijema - dozivam nas...

Nije lakši teret bremena moje duše...

Već utapam svoj žal u bogatstvo tuge,
čija raskoš kvari moj lik
na površini uzburkane vode...

Pružam ruke minuloj noći.
Želim da ostaneš tu, zauvijek...

Lancima ljubavi me vežeš
u vječni nespokoj.

Knjigom vraćam svoj dug Srebrenici

Deset godina poslije pada Srebrenice i završetka rata, 2005. godine, tada već udata i majka dvoje djece, sa svojom familijom sam se *vratila* kući. Osjećaj straha od susreta sa prazninom moga sela nije mi dao mira godinama ranije, stoga i nisam smogla dovoljno hrabrosti da se suočim sa stvarnošću i tugom, koja me pratila sve te godine, sve do kućnoga praga. Ipak ljubav prema domu i mom babi, koji živi sam u našem obnovljenom domu, želja da moja djeca upoznaju svoje korijene, bila je jača. Tu sam. U svom pustom zavičaju, koji odzvanja tišinom, prolamajući gromoglasnu tugu niz kanjon rijeke Jadar. Selo je smješteno u dolini rijeke, a kuće su građene i na jednoj, i na drugoj strani obale. A Jadar... Jadar nam je u progonstvu, ali i prije njega, oduvijek bio simbol zavičaja. Svako sjećanje na događaje iz djetinjstva na neki se način povezuje se sa ovom rijekom. Uspomene traju vječno.

Nekoliko kilometara prije ulaska u selo, dok smo vozili cestom, koju su vrijeme i rat prošarali mnogobrojnim rupama, osjetila sam kako mi kroz tijelo prolazi studen i najednom sam počela da se tresem. Moj suprug me držao za ruku, znajući za moj strah. Davao mi je podršku i govorio da će sve biti u redu. Ali, ja sam znala da više ništa nije uredu.

Pri samom ulasku u selo, sa desne strane ceste, u uglu livade, pokrivena prvom tamom sumarka, stajala je napuštena, oronula kuća rahmetli Mehmedalije (Galca) Ahmetovića (1956). Spominjala sam ga već ranije u knjizi, sin je Mehmeda mlinara, koga su strijeljali na samom početku rata. Niko se u tu kuću nije vratio. Zarasla je u šipražje, sama, u tami, a nad njom je nekakav tajanstveni oreol, neka očigledna sjena smrti. Odmah pored nje, sa lijeve strane, kuća je Mehe Jašarevića, koga su zajedno sa rahmetli Galcem strijeljali ispred kućnog praga. Njegov mlađi sin, rahmetli Frikret Fića Jašarević (1972.) poginuo je pokušavajući da se preko šume, u julu 1995. godine, prebaci na slobodnu teritoriju.

Dok smo nastavljali put, gorčina u mom grlu je postajala nesnošljiva. Prolazimo "kravavim putem". Ovdje su oduzeti životi mojim komšijama. Nekada su dječiji glasovi uljepšavali ovaj sokak. Sada se samo sivilo praznine guralo između ruševina, tuga je stajala na kapijama nekada sretnih domova. Moj suprug je polahko vozio, kao da je čitao moje misli i osjećao želje. Zavirila sam u svaku kuću. Sa lijeve strane usamljena, bez prozora i vrata, sa oronulim zidovima, usamljeno je zjapila kuća braće Alić. Otac Mehmed imao je njih šest: Kadir

(1958.), Fadil (1964.), Behadil (1962.), Mujo (1968.), Nurija (1970.), a ratnu stihiju i genocid preživio je samo najmlađi Sakip - Kipe. Svi drugi su ubijeni. Iz logora u kome je bio zarobljen, nekoliko mjeseci poslije pada Srebernice, pisao je majci pismo u kome ju je pitao da li su mu braća preživjela. Kada je majka shvatila da je samo on živ, a nadala se da su svi, jer ih je sve skupa ispratila tog kobnog 11. jula 1995. njeno srce je puklo od tuge.

Kuća nene Rufejde, kojoj su strijeljali muža Osmana - Bešu Buhić, i kojoj jedini sin Razim Buhić (1978.) nije preživio 1995. bila je izrešetana mecima. Još uvijek su po zidovima i duboki tragovi granata. Primijetila sam na prozoru zavjese i pretpostavila sam da ona tu živi. Sama je. Nekoliko dana kasnije posjetila sam je. Iza njene kuće, malo bliže Jadru, nalazi se kuća Mahmuta - Mahe Alića (1959.), zarasla u šipražje. Srasla je sa bolom ovoga sela. Sjećam se da sam rahmetli Mahu vidjela na putu prema Potočarima. On je, znajući da je nevin vjerovao da mu ne prijeti opasnost niti kazna. Stoga se odlučio krenuti sa ženama i djecom, tim putem. Nije preživio. Njegova supruga, rahmetli Habiba, od granate je poginula na samom početku rata. Njihovih dvoje djece rat je zatekao u Foči, kod njenih roditelja. Mahmutovog brata Azema, čija kuća je nekoliko metara od njegove, strijeljali su sa rahmetli Mehom Jašaravićem i rahmetli Osmanom - Bešom.

Žutica više nema onu toplinu. Nije mjesto ugodnog življenja, gdje se želje pretvaraju u radost. Sve je turobno tiho, pusto, nikoga na livadama, a ljeto je. Ovdje su se poslovi na njivi nekada obavljali do samoga mraka. Sada, nema nikoga.

Kada smo prešli most na Jadru, ispod stare lipe, tamo gdje smo se nekada okupljali, sjedili su meni neki nepoznati ljudi. Pokušala sam da obrišem suze, da bi među njima prepoznala bilo koga, ali nisam uspjela zaustaviti naviranje suza i zamagljene oči nisu nikoga prepoznale. Sjećam se, u ta stara dobra vremena, poslije posla, ispod ove lipe su se okupljali naši očevi, amidže, braća, poznanici i prijatelji. Akšamlučili su i uživali u životu. Sada su taj običaj preuzeli neki mladi ljudi. Malo ih ima, većina se i ne sjeća tih vremena, ali se radujem da će tradicija biti nastavljena.

U svoj obnovljeni dom vratio se Mevludin, stariji sin Ahme Hafizovića (1938.), koji je poginuo 1995. Njihova kuća je na neki način bila zaštitni znak ovoga mjesta, gordi spomenik koji je uz staru lipu bio poput pozdrava, nešto kao dobrodošlica posjetiocima. Nastavili smo voziti uskim sokakom. Na desnoj strani je kuća familije Tuzlić. I ona je napuštena, oronula. U našem selu bi se reklo – ohrdana. Iz te kuće su nastradali braća Amir (1969.) i Fadil - Alja (1971). Rahmetli Amira su zarobili odmah 1992. i odveli u logor Sušica u Vlasenici. Kasnije je pronađen u masovnoj grobnici na Crnom vrhu, a familija ga je ukopala u Potočarima. Brat Fadil rahmetli, koga smo svi znali po nadimku Alja, poginuo je padom Srebrenice i njegovi posmrtni ostaci sada leže pored mezara njegovog rahmetli brata.

Nisam prestajala plakati. Željela sam da vrisnem glasno i da se probudim iz ovoga košmara, da vratim sve moje komšije... Ali stvarnost je bila drugačija, a ja dio nje. Preko potoka, koji teče sa lijeve strane kaldrme, nalaze se kuće familije Hafizovića, Huseina - Juke (1963.) i Hasana (1955.), koji su poginuli 1995. U Huseinovoj kući niko ne živi. Vidi se to po njenoj zapuštenosti. Do temelja je izgorijela kuća Sabrije Merajića (1943.). Njegov život je ugašen 1995. Sada je na mjestu njegovoga doma iznikla gusta šuma. U kuću Sadika Merajića (1967.), koji je sa mlađim bratom Dževadom, također, poginuo 1995., vratio se preživjeli srednji brat Nedžad sa familijom. Svoj život za Bosnu i Hrecegovinu dao je i njihov otac Šaban (1934.).

I onda ta slika, koja dom čini domom. Ispred moje kuće je babo, čeka i maše rukom. Nijedno srce ne može otrpjeti tu sliku. Moje hoće da iskoči iz njedara. Od uzbuđenja, a i od tuge jer me čeka sam. Moja je majka preselila četiri godine ranije, 2001. godine. Sada je on tu, sam, dočekuje me da sa svojom djecom doputujem iz dalekog svijeta. Dok smo se spuštali kaldrmom, sa strana obraslim u ostruge, na lijevoj strani, na uzvišenju, kada se pođe uz livadu, vidjeli smo tužnu sliku zapuštene kuće nene Fazile Gabeljić. Često mi je babo telefonom govorio o njoj. Kazivao je da je ona tu često i da piju kahvu skupa. Fazilinog sina jedinka Mirsada (1966.), ubili su padom Srebrenice, a supruga Rasima rahmetli (1940.), ubili su u Potočarima. Ona je tu sama. Živi u nadi da će se bar jedan ipak pojaviti. Ispod, sa lijeve strane kaldrme, sagrađene su dvije kuće koje nisu bile tu prije rata. U njima žive teta Fata Delić, koja je padom Srebrenice izgubila sina Šefika (1976.), a suprug Šaban (1954.) je uslijed posljedica ranjavanja podlegao 1994. U drugoj kući živi njen brat Ramiz Bećirović, sa familijom. Ramiz je, od tri brata, jedini preživio. Hidan (1959.) rahmetli i Juso (1966.) rahmetli, također su poginuli padom Srebrenice. Hidanova supruga Bejda i sin Hidajet (1984.) poginuli su od granate 1993.

Susret sa babom je bio bolan, ali i radostan. Prazninu kuće, majčinim preseljenjem, nije moglo zamijeniti ništa. Svuda je tuga. Samo su veseli osmijesi moje djece govorili da je ovaj dolazak na kućni prag ustvari nastavak borbe sa životom i bolom koji nosim.

Nekoliko dana poslije, odlučila sam sa babom prošetati mojim dragim rodnim selom Žuticom. Željela sam vidjeti sve one koji su tu, da ih poselamim i zagrlim. Pješačeći uz Jadar prošli smo pored kuće Hameda Halilovića, koji je sa oba svoja sina, Hamdijom (1963.) i Hasanom (1962.), poginuo padom Srebrenice. Tu je i kuća rahmetli Fadila Mekanića (1949.), koji je također poginuo 1995. sa svojim mlađim sinom Ademom (1980). Obje ove kuće su napuštene. Tu su same i lagano nestaju, zarasle u travu i šiblje. Dvije kuće niže, nazirali su se ostaci kućice rahmetli Bege - Mrki Buhića (1953.), koga su četnici zarobili 1992. te ga mučili raznim metodama. Vezali su ga bodljikavom žicom i nožem sa obje ruke odsjekli po dva prsta, a onda ga žicom udavili. O njegovim mučenjima i zlostavljanju od strane neprijatelja godinama se govori sa zgražanjem, bolom i tugom.

Zaraslim puteljkom prošli smo do kuća u Podkamenu (nekoliko kuća koje su dio Žutice) i naišli na kuću Osmana Ahmetovića, kome su četnici ubili sina Muniba (1976.). I on, i njegova supruga Mula su me roditeljski dočekali, sa suzama topline i ljubavi, suzama dobrodošlice, ali i boli. Obećala sam da ću ih posjetiti još koji put, dok sam tu. Osmanov brat Bajro 1993. godine je doživio tragediju, kada je neprijateljska granata u selu Gabelje na mjestu ubila njegovu kćerkicu Mirelu, kojoj je bilo oko pet godina. Valjda zbog silnog roditeljskog bola i teškog podsjećanja na gubitak, Bajro se nikada nije vratio svom izgorjelom domu, niti je poželio da na tom temelju opet gradi život iznova.

Onda smo prišli kući moje Hrane, majke rahmetli Hajre Ahmetovića (1963.), njenog sina jedinka, koji je također poginuo 1995. Nismo je našli, pa smo produžili dalje. Ispod njene kuće, kuća je mlinara Mehmeda. On me dočekao na pragu, sav u suzama. Zagrlili smo se i plakali jedno drugom na ramenu. Mehmed je izgubio tri sina: Mehmedalija (1956.), Dalija (1957.) i Suljo (1966), svi su poginuli 1995. Sa svojom suprugom sam boravi u ovoj ohrdanoj kući. Nisam željela ući. Rekla sam da ću maksuz doći. Sada sam željela samo šetati, vidjeti i poselamiti one koji su preživjeli i vratili se na svoja ognjišta.

Pored njihove kuće je kuća Omera - Bibe Ahmetovića, koji je zarobljen 1992, sa Amirom Tuzlićem rahmetli i odveden u logor Sušica. A do njegove kuće je kuća njegovog brata Mustafe - Sprele (1948.), koji je također izgubio život 1995. Sve su te kuće nekada bile pune djece i ljubavi, sreće i rahatluka. Mahale su odzvanjale dječijim glasićima i smjehom. Ovuda sam kao djevojčica poskakivala i s radošću kucala svima na vrata i sve voljela kao svoje najrođenije. Danas ovom mahalom vlada samo sivilo. Oboreni pogledi preživjelih, težak život i borba za opstanak. Ponestaje mi daha dok sve to gledam. Guši me svaka ova kuća. Guši istina. Guši zloba zlikovaca.

Moj babo je primijetio da sam blijeda, pa me odveo do Jadra da umijem lice. U povratku kući, na raskrsnici puteva (jedan vodi ka Đilama, a drugi ka Stedriću), rekla sam babi da mi je želja poći uz Polje (nekoliko kuća koje su dio Žutice).

Molio me je da to ne radim, jer sam isuviše potresena svim što sam već vidjela. Ipak ja sam insistirala da se jednom susretnem sa tim strahom koji me proganja tako dugo. Strahom od svega što sam proživjela. Strahom od spoznaje da je moj komšiluk pobijen.

Učinilo mi se da neko živi u kući Ramiza Tabakovića (1954.), koji je sa oba sina, Harizom (1976.) i Hazimom (1979.) ubijen 1995. Babo reče da ovdje samo povremeno vidi Ramizovu suprugu i preživjele kćerke. Iznad nje je kuća Asima Buhića, koji je ubijen na Žutici 1994. Bila sam očevidac njegove pogibije. Pogodio ga je u nogu snajperski metak sa Rupovog Brda (Rascjep). Sjećam se njegovog blijedog lica i silne krvi koja je u sekundama pravila čitavu rijeku. Nikada neću zaboraviti njegove posljednje trzaje i izdahnuće. Ta me slika prati kao moja sjena.

Njegovog sina Nazifa (1973.) ubili su 1993. Efendiju Junuza Mekanića (1947.), kao i mlađeg sina Mustafu (1979.), u čiji obnovljeni dom nadomak Asimove kuće se vratio sin Jusuf sa familijom, ubili su 1995. godine. Ispod kaldrme, sa lijeve strane, iz kuće Ismeta Mekanića, dva sina, Ismail – Smajo (1968.) i Muhamed (1964.), su poginuli 1995. Ismet i supruga Šifa danas žive u njoj, iako prazninu i gubitak njihovih sinova nikad i ništa nije moglo nadomjestiti.

Ipak, mještani se vraćaju domu i svojim korijenima, uprkos tuzi i bolu. Tako mi kazaše.

Emocije su uzavrele kada sam došla pred kuću Adema Mekanića. U njoj je nekada živio moj nastavnik Naser Mekanić rahmetli (1960.). Cijeli rat proveo je u Srebrenici, mučio se i jedva preživljavao. On me naučio pisati i njemu sam najzahvalnija što sam postala baš ovakva kakva jesam. Mnoge odluke i životne korake pravila sam vodeći se njegovim savjetima. Pala sam na koljena. Nisam više mogla stajati od bola.

Naserov polubrat Mevludin Belkić (1973.), poginuo je na početku rata. I ovaj dom dao je ovoj državi dva šehida. Moj babo je kleknuo kraj mene. I on je plakao kao malo dijete. Ponavljala sam u sebi: "Zašto?".

Zašto su nam opustošili mahalu? Zašto su nam pobili najdraže? Zašto smo im toliko smetali? Moj bol je bio jak, ali sam ja bila jača i željela sam nastaviti, željela sam vidjeti te slike praznih domova i njihovu tugu podijeliti sa sobom.

Teškim korakom sam nastavila, ali tuga me je obarala svojom jačinom. Naslonila sam se na babu, koji je svojom hrapavom rukom brisao moje suze sa lica, kao nekada kada sam bila mala djevojčica. Istom kaldrmom, kao nekada, nastavili smo hodati nas dvoje. Prašina i oštri kamenčići kaldrme, vraćali su sjećanja u doba kad se ovim sokakom prolazilo drugačije, u ljepoti, rahatluku i zadovoljstvu. Svaka hanuma na svoj način uređivala je avliju svoga doma. Birala bi najljepše cvjetove, raznolikih boja, a nezaboravni mirisi ljiljana i jorgovana još me prate.

Kuća Nezira Mekanića i tete Džulešefe, uvijek je bila okružena cvijećem i mirisima. Teta Džulešefa je uvijek imala slatkiša pa nam ih je dijelila dok smo se kradom uvlačili u njenu avliju da uberemo koji cvijet. Naravno, uvijek smo bili uhvaćeni, ali se nismo bojali, jer njena ljubav prema djeci bila je posebna i nikada nije bilo mjesta za ljutnju. Čak nas je slatkišima nagrađivala. Danas ova kuća izgleda kao havetinja. Oko nje nema cvijeća, niti mirisa, niti behara... U tamnom bolu je ogoljela vremenom, jer od tuge za sinom jedinkom Nedimom – Nedom (1966.), koji je u Sarajevu kao student poginuo 1992, teta Džulešefa više ne gaji cvijeće u svojoj avliji.

Malo niže, kada se pođe niz kaldrmu, naišli smo na napušteni dom braće Mekanić, sa desne strane ceste, iza visokog drveća. Ramiz je poginuo početkom rata, a Šećan (1967.) je nastradao 1995. Odmah uz njihovu kuću, obnovljena je i kuća Šabana Halilovića (1947.), koji je poginuo 1995. Njegov sin, rahmetli Amir Halilović (1971.) poginuo je na početku rata. U njihovu kuću s vremena na vrijeme dolazi najmlađi sin sa familijom, kako bi održavao vezu sa zavičajem.

Niz kaldrmu su se nekada vezale jedna na drugu kuća do kuće. Sada su tu samo tužna ognjišta izgorjelih i porušenih domova, zaraslih u vrijeme i zaborav. Upravo je takva i kuća Ibre Ordagića (1952) koji je zajedno sa sinom jedinkom, svojim Nerminom (1978.), poginuo padom Srebrenice 1995. Na samom kraju kaldrme je kuća Hazima Lenjinca (1959.), koji je također poginuo 1995. Ona je osvježena životom i novom nadom, kada je njegov sin sa familijom odlučio da živi u njoj. Prije rata u ovoj kući živjela je još jedna porodica, porodica Muminović. Taib – Tajčo Muminović (1954.), glava te porodice, nije preživio rat.

Već se spuštao prvi mračak i babo je želio da krenemo nazad, da stigne na akšam-namaz. Polahko smo se vratili kući. Ispred su nas čekali rodbina i prijatelji. Došli su da nas vide i požele nam dobrodošlicu. Uz kahvu, ispod babine jabuke, za drvenim hastalom, pričali smo o danima kojih više nema i koji se sigurno više nikada vratiti neće. Govorila sam im o svom susretu sa napuštenim domovima našega sela i onda smo zajedno pokušavali odrediti broj poginulih u ratu. Dok smo brojanjem išli od kuće do kuće, sjetih se da na brežuljku zvanom Slatina, nisam obišla kuću Šerifa Buhića (1940.). Njegova kuća je malo dalje od kaldrme kojom smo babo i ja hodali, tako da i nismo prošli pored nje. Šerif i njegov mlađi sin Dževad (1973.) poginuli su 1995. Iznad njihove kuće na brdu Jagnilo, živjeli su braća Bećir (1957.) i Bekir (1966.), sa ocem Jakupom Mekanićem (1930.). Ni oni nisu preživjeli genocid. Bekir i Jakup rahmetli 1995. su poginuli padom Srebrenice, a Bećir, naš legendarni komandant Teritorijalne odbrane i kasnije Prve muslimanske-podrinjske brigade Armije Republike Bosne i Hercegovine, dika našega kraja, poginuo je krajem rata sa svojim naboljim drugovima Esedom - Esom Muratović (1961.) i Alijom Jašarevićem, koji su bili iz Štedrića, (selo pored Žutice), kao i moj školski drug Salim Mekanić (1976.).

Moje selo Žutica, brojalo je pred rat 55 domaćinstava, a živote je tokom rata izgubilo 69 osoba. Svi drugi su protjerani, kuće spaljene ili porušene. Nedužni civili su bili žrtve teške agresije i počinjenog genocida nad bošnjačkim narodom.

Ova knjiga je moj dug tim dragim ljudima, moj dug Žutici, dug Bosni i Hercegovini. Ova knjiga je moj dug mojoj ljubavi i mome bolu. Ljubavi, onoj koja me vodi kroz život i čini da sve podnosim lakše, a dug je i mom bolu koji mi ne dopušta da zaboravim Srebrenicu, ubijene nedužne ljude, ubijenu našu mladost...

RECENZIJA: AVDO HUSEINOVIĆ

Nije baš česta pojava da svjedoci genocida stihom svjedoče, i sa vremenske udaljenosti od dvije decenije, poezijom kao jednim od najstarijih žanrova u književnosti, upoznaju nas s ljudima čija se imena nalaze na zidu plača u Potočarima.

Navikli smo da svjedočenja o genocidu nad Bošnjacima u Zaštićenoj zoni UN-a Srebrenica, u drugoj polovini jula 1995.godine, slušamo u sudskim odajama, ispovijestima preživjelih žrtava, u formi dokumentarnog filma, kroz novinske feljtone, poneku knjigu.., ali na ovaj jedinstven poetski način, kao što je to uradila Senada Cvrk-Pargan sa svojom novom knjigom „Tama srebrene svjetlosti", nismo imali priliku čuti.

Rijetke su knjige kojima se čitalac raduje s bolom.

Ovo je jedna od takvih rijetkih knjiga.

Raduješ joj se, a unaprijed znaš da će te razboljeti dok je budeš čitao, kao što nas svaki put u julu, iznova razboli Srebrenica, kao posebna i neobjašnjiva sezonska tuga.

Naš veliki književnik, u nedavnom osvrtu na poemu posvećenu majki Havi Tatarević iz Zecova kod Prijedora, s punim pravom se upitao:„Može li u stihove stati tolika bol?"

I, dok listam stranice ove knjige, stalno mi mislima putuje isto pitanje.

Stoljećima, evo, okupiraju nam um i prostore, pokoravaju nas, ubijaju, izgone sa pradavnih ognjišta, djecu i roditelje nam siluju, mrze nas... S one strane rijeke, imamo ljude koji će se teško ikada zaustaviti.

Da bi živ čovjek razumio Srebrenicu, pored svega do sada što je objavljeno, mora pročitati i ovo djelo. Ono nam ne svjedoči samo o ljudima kojih više nema, koji su ubijeni u genocidu, a koji su bili bliski autorici. Ovo djelo svjedoči i o još jednom važnom segmentu, a to je da se u julu 1995. godine u Srebrenici, desio završni čin genocida koji je u Podrinju započeo još u aprilu 1992. godine i trajao u kontinuitetu sve do kobnog jula 1995.godine.

Ima li boljeg svjedočanstva od onog koje nam prezentovano u pjesmi „Učitelji iza nišana", gdje nam autorica u uvodu objašnjava da joj je kao inspiracija za ovu pjesmu poslužilo učešće njenih profesora u zločinima nad Bošnjacima, već od prvih dana agresije na Republiku Bosnu i Hercegovinu, koji su u pauzi izvršenja zločina, dolazili u uniformama i držali časove u Vlasenici.

Ima još mnogo toga, po čemu je ova knjiga originalna. Jezikom slika, autorica nas u uvodnim pričama upoznaje sa važnim biografskim podacima ljudi, kojima ovom knjigom podiže nišan. Nekima od njih ovo je za sada jedini nišan jer onaj svoj u Potočarima ili na nekom drugom podrinjskom mezarju nemaju, iz razloga što se još nalaze na spisku ljudi kojih nema, kako to danas službeno nazivaju „nestalim osobama" ili kako autorica napisa „oni koji se mezaru raduju"...

Ova knjiga želi i da se suprotstavi postojećoj atmosferi neke narodne i intelektualne potištenosti i opipljive uplašenosti.

Da ne bi pjesme „Daleku zemlju svoju sanjam", ko bi saznao za život bez života, kakav danas živi Mehmed Ahmetović, mlinar, kojem su pripadnici Vojske Republike Srpske ubili svu trojicu sinova?

Da ne bi ove knjige, ko bi saznao za ubijene mladiće ispod cerade u Potočarima, da li bi bila ispričana priča o djevojci silovanoj u žitnom polju pored baze Holandskog bataljona UN-a, da li bi...?

Autorica je bila neposredni sudionik događaja o kojima u rukopisu progovara.

Njena je trajna opsesija nesreća koja je zadesila Bošnjake u srednjem Podrinju.

Ovo njeno svjedočenje stihom, nema ni političkih, ni naučno-istraživačkih pretenzija.

U njenim pjesmama nema problema u prepoznatljivosti.

Ovo su stihovi, koji lahko u budućnosti mogu preći granicu privatne ispovijesti i postati sastavni dio literature, koja pripada svim onima koji su preživjeli genocid jer svako od njih ima nekoga koga će pronaći u ovoj knjizi.

Važnost objavljenih sjećanja izravnih sudionika nekog događaja, nije potrebno posebno napominjati. Posebno, ako imamo saznanje da je nekome u genocidu, kao što je slučaj sa autoricom, ubijeno 99 članova familije, a među njima i četvorica amidža.

Kad pročitate ovu knjigu, mislim da će Vas, kao i mene, sve misli voditi u Potočare.

Da li u juli 1995. godine, ispred baze UN-a ili danas u Memorijalni centar, svejedno je.

Čitaoci koji svoju biblioteku obogate ovom knjigom, postat će bogatiji za jedno važno svjedočanstvo, ogrnuto u ruho poezije.

Zajednička lozinka svim pjesmama iz knjige „Tama srebrne svjetlosti" su Potočari.

Tamo je legla i ne ustaje, tama koja se u julu 1995.godine spustila na Srebrenicu.

I zato, bez previše pametovanja, ovu recenziju bi najbolje bilo završiti porukom autorice u kojoj napisa:

> „Onima koji su to učinili,
> ne halalim i nikada neću halaliti,
> ni jedan nevini život."

Avdo Huseinović
3. maj 2015.

Tama srebrene svjetlosti

Umjetnički iskaz u knjizi poezije Senade Cvrk-Pargan Tama srebrene svjetlosti se javlja kao nužnost srca koje ispisuje historijski bijeg od zaborava, koji se opet ulančava u sveukupni tekst Kulture i funkcionira kao mehanizam kolektivne memorije. Autorica svojevrsnom rekontekstualizacijom motiva čežnje, patnje, ljubavi, vjere, stida i bola predočava poetski krik na platno vlastitih projekcija. Ovdje ne nalazimo tzv. "govorenje između" nego "krik između", ne samo stihova, od početka do kraja zbirke, nego između svakog glasa, kričanje, potmulo ili veoma glasno, ali kričanje - da se zločin ne smije zaboraviti. Tako posmatrana ova poezija predstavlja Put sjećanja jednak važan kao i Put spasa iz opkoljene Srebrenice.

Uvertira prvom poetskom svjedočenju (u cijeloj knjizi je zastupljena tehnika prilagodbe emocijama ostvarena pomoću adekvatnih kratkih i kratkih kratkih priča) zapravo je kratka priča o starici Fazili koja Penelopinim metodom pokušava zavarati prosce smrti. Fazila plete čarape za sina preminulog na Putu spasa, pletući tako sama svoje duhovno spasenje do konačnog susreta sa rahmetlijom koji će "čarape obuti". Ta čežnja za životom u kući ispod šume Puta, daje predvorju reminiscentnog pakla nadnaravnu dimenziju kojoj se čitalac klanja, i uzvisuje još netaknutu poetsku notu. Tako pjesma prva pjesma Čekanje nosi buktinju čežnje koju vrijeme ne može ubiti, buktinju koju ljubav majčinska i vjera u Boga održavaju i nadilaze tamu.

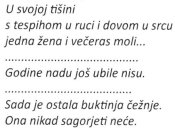

U svojoj tišini
s tespihom u ruci i dovom u srcu
jedna žena i večeras moli...
...
Godine nadu još ubile nisu.

...
Sada je ostala buktinja čežnje.
Ona nikad sagorjeti neće.

Kompozicijski posmatrano drugi dio pjesme je svojevrstan prozni pokrov za prvotnu emociju mirujućeg vulkana koji, i kada blago eruptira iz dovinog okrilja, ima utabane staze navike koje lavu ne puštaju daleko od izvorišta žmirkajućeg bola (okrnjena lampa žmirka). Ovako posmatran ovaj prozni pokrov ne umanjuje kvalitet pjesme. Čekanje recipijentu daruje poetsku sliku užarenog bola čija žmirkanja odnosno kratkotrajni dodiri sa svjetlošću otežu krakove proključanih suza opet snažno pripijenih uz maticu bola-cvijet srebreni, cvijet lave sa užarenim svodom.

Drugoj pjesmi *Čežnja* kroz san prethodi kratka priča o samohranoj majci koju na životu održava san o umrlom sinu, diplomantu studija Rudarstva u Tuzli, čiji su život bezdušnici okončali u najljepšem životnom kasu. Stoga su majčini treni kratkotrajne radosti snovi o nagizdanom bijelcu sa Njim, sinom jedincem, koji je došao da od majke izun za ženidbu dobije. Propinjanje konja kao simbola životnosti u snu zapravo je majčina podsvjesna borba sa kompleksom tzv. sindroma stida preživjelih. Tegoba preživjelih je toliko golema i teško iskaziva da su jedino smrt i poezija dostojne da je predstavljaju. Iako su u snu majke i propinjanje i izdizanje (konja) iznad bola kratkotrajni, oni imaju svoj kontinuitet (san se ponavlja svake noći) i na simboličkom planu strofe izdvojene strofe ove pjesme su pandan borbe i mrtvih, i preživjelih Srebreničana.

> Došao je da vidi majku,
> Da izun dobije.
> U svatove je pošao
> Da majci snahu dovede.
> ....
> Bijelac pod njim, silan
> i nagizdan.
> Propinje se, izdiže...

Kratka priča Dolaziš niotkuda (u čijem ciklusu je sadržana istoimena pjesma, zatim pjesme Iluzija, Izgubljenom bratu i Mezaru se raduju), zapravo je i sama poetski zapis ili lirska drama o ženi Ajki (Sulejmani) koja je život nakon muževljeve smrti posvetila sinu Fatihu i čekanju susreta sa voljenim mužem. Autorica u ovoj mikropriči iznosi vlastitu spoznaju istinske ljubavi koja osvjetljava tamu preživljenog:

> Suprug je, sa svojih dvadeset i šest godina poginuo u zvorničkoj Kamenici. Ona je ostala sama sa svojim petomjesečnim sinom Fatihom. Ljubav, to je vjernost. To sam od nje naučila u teškim godinama rata...

Pjesmu Iluzija autorica poklanja hrabroj Ajki i svim mladim ženama Bosne i Hercegovine kojima je rat oduzeo njihove ljubavi. One, i pored toga, i danas prkose sudbini svojom vječnom ljubavlju. Ovakvi hodajući mezari ljubavi najbolje su predodžbe veličine ljudskog karaktera.

> Na vodi vidim svoje oči
> Umrle od čežnje.
> Pokopane u jamama, -
> Iza trepavica.

Kamenovi neoprosta je pjesma koja kazuje o nemogućnosti jezika ljudskog da iskaže golemost ratnog stradanja i opomena potencijalnog duhovnog pada svih nas ako ne budemo pamtili/ koračali kroz safove nišana:

> *Niz safove nišana koračam*
> *Sumorni su i monotoni ovi redovi*
> *Koji svjedoče o njihovoj smrti.*

Knjiga poezije *Tama srebrene svjetlosti* autorice Senade Cvrk-Pargan je poetski štit koji će uveliko doprinijeti unaprjeđenju kolektivnog pamćenja presudnog u neponavljanju stradanja jednog naroda.

Larisa Softić-Gasal,
19. 6. 2015.

Biografija

Senada Cvrk-Pargan rođena je u Žutici kod Srebrenice 1975. godine. U Srebrenici je stekla osnovno i srednjoškolsko obrazovanje, a studirala je na Ekonomskom fakultetu u Sarajevu. Diplomirala je na Pheonix University u Sjedinjenim Državama, na Fakultetu biznis menadžmenta.
Aktivno je uključena u bošnjačku zajednicu u Sjevernoj Americi:

Predsjednica je Bošnjačke zajednice kulture "Preporod Corp." USA. Član je Upravnog odbora Kongresa Bošnjaka Sjeverne Amerike, kao i počasni član Upravnog odbora Američko-bosanskog instituta za istraživanje Genocida (BAGI) i član Upravnog odbora Bosansko-američke biblioteke Čikago. Dopisnica je mjesečnog magazina *Ujedinjena Bosna*. *Tama srebrene svjetlosti* je njena druga knjiga poezije. Kao i prva knjiga poezije *Čežnja za tišinom*, objavljena je u izdanju BMG (Bosanska medijska grupa) i Amazon.com. Oba djela su prevedena na engleski jezik.

Senada Cvrk-Pargan provela je rat, od 1992. do 1995. godine u Srebrenici, što je odredilo njen način i tematiku književnog stvaralaštva. Njena poezija je puna bola i žala zbog gubitka velikog broja najmilijih.

Udata je i majka dvoje djece. Trenutno živi i radi u Sjedinjenim Državama.

Sadržaj

Made in the USA
Charleston, SC
17 November 2015